Reiseführer
Egerland/Westböhmen

Inhaltsverzeichnis

Ansicht der Stadt Eger von Nordwesten. Holzschnitt von Caspar Hofreuther, aus der Cosmographie des Sebastian Münster, 1550

Geschichtsträchtige Kulturlandschaft

Westböhmisches Bäderdreieck. Gründungsväter sind Kaiser Karl IV. von Karlsbad; Stadtrecht 1370, Kurarzt Dr. Josef Nehr (erste Badestuben 1791) und Abt Karl Reitberger vom Stift Tepl (1813) von Marienbad und der Egerer Stadtphysikus Dr. Bernhard Adler von Franzensbad (1793). Heute heißen die einst weltberühmten Kurorte Karlovy Vary, Mariánské Lázně und Františkovy Lázně. Sie gehören zu Westböhmen (Západní Čechy), dessen Hauptstadt Pilsen (Plzeň) ist. Unwillkürlich denkt man dabei an „Pilsner Urquell". Diese herrliche Bierquelle ist allerdings auf den bayerischen Braumeister Josef Groll zurückzuführen. Damit wäre eine wunderbare Brücke nach Bayern und auch zu den Egerländern – nicht nur des Bieres wegen – geschlagen. Sie sind nämlich nordbayerischer Abstammung.

Das historische Egerland hatte zunächst mit Böhmen überhaupt nichts zu tun, das von den keltischen Bojern den Namen bekam, den es in verschiedenen Abwandlungen behalten hat: Boiohaemun, Bohemia, Böheim, Böhmen. Sie lebten meist in befestigten stadtähnlichen Siedlungen (Oppida) und schlugen eigene Goldmünzen. Im Jahre 9 v. Chr. führte Marbod seine Markomannen nach Böhmen, die Quaden stießen nach Mähren vor und die Langobarden ließen sich in der Slowakei nieder. Marbod schuf ein germanisches Großreich, dessen König er wurde. Er hat ja den alten Römern ganz schön eingeheizt. Als sich die Germanen in die Randgebiete zurückzogen, rückten im 6. Jh. die Slawen nach, die wiederum von den Awaren bedrängt wurden, die eine empfindliche Niederlage durch den fränkischen Kaufmann Samo, den die von ihm geeinten slawischen Stämme zum König erhoben, erlitten. Nach seinem Tod zerfiel das slawische Reich und kam wieder unter die

Herrschaft der Awaren, später an die Franken unter Karl dem Großen. Samos Hauptburg soll bei Kaaden gestanden haben, womit wir wieder im Egerland wären.

Das nordgauische Egerland stand unter der Oberhoheit der fränkischen Babenberger; 1077 kam die Markgrafschaft an Diepold von Giengen aus dem mächtigen Geschlecht der Vohburger. 1133 Gründung des Zisterzienserklosters Waldsassen, von dem aus Stift- und Egerland kultiviert wurden. Tochterklöster sind Osseg und Sedletz bei Kuttenberg. Weitere berühmte Klostergründungen: Tepl und Chotischau (Prämonstrantenser) und das Benediktinerstift Kladrau. Eger und das Egerer Gebiet tauchten bereits in der Urkunde von 1061 von Heinrich IV. auf (via que procedit de Egire – der von Eger herkommt). Eger wurde 1149 als Markt und 1203 als civitas (Stadt) genannt. Als 1146 der letzte Vohburger starb, blieb die regio Egere (Egerland) als Reichsland beim Hohenstaufer Konrad III. Er vermachte es seinem Sohne Friedrich von Rothenburg, von dem es der „Rotbart" erbte (1167), 18 Jahre vorher hatte er schon die Erbtochter des letzten Vohburgers, Adele, geheiratet, von der er sich allerdings wieder scheiden ließ. Kaiser Friedrich Barbarossa hielt 1179 erstmals in Eger einen Reichstag ab und baute die Burg zur Kaiserpfalz aus. Im Jahre 1266 kam das Egerland vorübergehend an Ottokar II. von Böhmen, 10 Jahre später war es dann allerdings wieder Reichsland. Wenzel II. streckte seine Hand nach dem Egerland aus (1291), und gewährte ihm große Freiheiten und Rechte. Doch sein Nachfahre Wenzel III. mußte es 1305 an den deutschen König Albrecht wieder abtreten. Ausgerechnet ein Wittelbacher hat dann das Egerland mit Ausnahme der Reichsabtei Waldsassen an die böhmische Krone 1322 verpfändet. Diese Tat vollbrachte Ludwig der Bayer als Dankesgabe an den Luxemburger Johann von Böhmen, der ihm maßgeblich half, die Schlacht bei Ampfing und Mühldorf gegen den Habsburger Friedrich dem Schönen zu gewinnen. Obzwar die Pfandschaft nie wieder eingelöst wurde, blieb das Egerland immer reichsunmittelbar. Es verlor Gebiete an Bayern und Vogtland, dafür dehnte es sich nach Westböhmen bis zur tschechischen Sprachgrenze aus. Selbst der große tschechische Historiker Franz Palacký hat anerkannt, daß sich das Egerland nur der Gewalt fügen mußte. Ihm wurde nach dem Ersten Weltkrieg das Selbstbestimmungsrecht genauso verweigert wie den übrigen Sudetendeutschen, so daß es ein Teil der 1. tschechoslowakischen Republik wurde und entsprechendem Slawisierungsdruck ausgesetzt war. 1938 kam es dann mit Zustimmung der Großmächte zu seinen Stammesvettern. Als aber 25 000 Sudetendeutsche in Gefängnisse und Konzentrationslager kamen, darunter auch ehemalige Henleinanhänger, dämmerte es allmählich, daß die Verwirklichung des Selbstbestimmungsrechtes nur ein Vorwand für Hitlerische Machtpolitik war, der auch die Tschechen zum Opfer fielen. Die größten Opfer aber mußten die Sudetendeutschen bringen, als sie nach Ende von „Großgermanicum", dem sogenannten 3. Reich, von Haus und Hof, aus Geschichte und Kultur vertrieben wurden, darunter 800 000 Egerländer. Dieses bittere Schicksal haben bereits 1985 tschechische Intellektuelle unter dem Pseudonym „František Jedermann" mit der Publikation „Die verlorene Geschichte" dokumentiert. Dies allein war schon ein hoffnungsvoller Neubeginn, der sich beispielsweise mit der Schaffung der „Euregio Egrensis" fortsetzt. In dieser Euregio ist Egerlandkultur mit eingebracht. Und es kommt nicht von ungefähr, daß sich deren Sitz jeweils auf historischem Boden befindet. Zum einen in Marktredwitz, einst Tochterstadt von Eger, zum anderen im Balthasar-Neumann-Haus in Eger, das inzwischen zu einer sehr wichtigen Begegnungsstätte zwischen Tschechen und Egerländern wurde, wie auch das Egerlandhaus in Marktredwitz, in dem wiederholt maßgebliche Tschechen aus Eger und aus dem westböhmischen Bäderdreieck Vorträge über die Schönheiten dieser Landschaft einschließlich der Städte und Dörfer hielten.

Verweilen wir noch ein wenig in der Geschichte. Deutsche Kaiser schufen böhmisches Königreich. Von Barbarossa stammt das Löwenwappen, heut noch tschechisches Staatswappen.

Bevor die Slawen kamen (ihr Staat zerfiel nach Samons Tod), gründete 505 König Wacho (gest. um 540) das langobardische Donaureich, das Mähren, Teile Böhmens, Niederösterreich und Westungarn umfaßte. Karl der Große (768–814) vertrieb die Awaren aus der Geschichte und zwang die böhmischen Stämme zur Tributzahlung (jährlich 500 Silbermark und 120 Rinder). Er begann, die Böhmen zu christianisieren, so daß sich 14 ihrer Fürsten im Jahre 845 in Regensburg taufen ließen.

Anfang des 9. Jh. entwickelte sich das Großmährische Reich, das den größten Teil der Slowakei (Herrschaft von Fürst Pribina in Nitra) mit einschloß. Unter Mojmir I. (830–845), von ihm hat Mähren seinen Namen, dehnte sich das Großmährische Reich bis Böhmen und Nordungarn aus. Svatopluk beugte sich den Ostfranken und zahlte Tribut (870–894). Mojmir II. (894–906) war noch schwächer: Die böhmischen Fürsten trennten sich vom Großmährischen Reich, das unter dem Ansturm der Magyaren im Jahre 906 zerbrach. Sie vereinnahmten auch die Slowakei, die bis 1918 zu ihrem Staatsgebiet gehörte.

Unter den Přemysliden einigten sich allmählich die Tschechen. Fürst Václav (Wenzel, 921–9325) – heiliggesprochen! – war eng mit dem Ostfrankenkönig verbunden und wurde von seinem Bruder erschlagen. Dieser, Boleslav I. (935–972), lag lange in Fehde mit dem deutschen Kaiser Otto I. dem Großen (936–973), dem er schließlich unterlag und sein Vasall wurde. Unter Břetislav I. (1035–1075) kam Böhmen zu neuer Blüte, Mähren wurde von seinen Söhnen verwaltet. Sein Machtstreben brachte ihn in Konflikt mit

Kaiser Heinrich III. (1039–1056), der ihn unterwarf, so daß er sein Herzogtum 1041 in Regensburg als deutsches Lehen empfing. Dieses Lehensverhältnis blieb aber mehr formal.

Vratislav II. (1061–1092) unterstützte den deutschen Kaiser Heinrich IV. (1056–1106) im Investiturstreit und erhielt dafür die persönliche Königswürde. Vladislav II. (1140–1172) nahm unter Kaiser Konrad III. (1138–1152) am 2. Kreuzzug teil und zog im Heerbann von Kaiser Friedrich I. Barbarossa (1152–1190), der Mähren zur Markgrafschaft erhoben hatte, nach Italien. Nach der Eroberung Mailands im Jahre 1162 wurde er von Barbarossa zum König gekrönt. Gleichzeitig wurde ihm das Löwenwappen verliehen, das bis heute Staatswappen von Tschechien ist. Der Königstitel war jedoch für die böhmischen Herrscher erst endgültig gesichert, als Kaiser Friedrich II. (1212–1250) die erbliche Königswürde an Ottokar I. (1197–1230) verliehen hatte (1212). Dann kam die Zeit des wohl mächtigsten Přemyslidenherrschers Ottokar II. (1253–1278), in dessen Adern aber auch staufisches Blut (seine Mutter war staufische Prinzessin) floß. Schon 1246 wurde er nach Aussterben der Babenberger Herzog von Österreich und Steiermark. 1255 zog er nach Ostpreußen und kämpfte zusammen mit dem Deutschen Ritterorden gegen die heidnischen Preußen. Auf ihn geht die Gründung von Königsberg zurück. Einen Fuß hatte er bereits an der Adria. Was wäre aus Böhmen geworden, wenn er Deutscher Kaiser geworden wäre? So verlor er Schlacht und Leben auf dem Marchfeld im Jahre 1278 gegen Rudolf von Habsburg, der 1273 zum deutschen König gewählt wurde. Schon 1276 hat er Österreich dem deutschen König zurückgeben müssen. Mit der Ermordung von Václav III. in Olmütz (1305–1306) erlosch die Přemyslidenherrschaft.

Kaiser Heinrich VII. aus dem Hause Luxemburg (1308–1313) belehnte seinen Sohn Johann mit Böhmen, der zudem noch die Tochter des letzten Přemysliden Elisabeth heiratete. Beider Sohn wurde der berühmte Kaiser Karl IV., der auch König von Böhmen war. Er regierte von 1374–1378, machte Prag zur Hauptstadt und schuf die 1. Universität nördlich der Alpen. Die Stiftungsurkunde vom 7. April 1348 beginnt mit den Worten: „Carolus, dei gratia Romanorum Rex semper Augustus et Boemiae Rex." Sie zeigt die Insignien kaiserlich-königlicher Amtsgewalt im Heiligen Römischen Reich. Die Prager Kanzleisprache des Hofes war Grundlage, die von Luther weiter ausgebaut wurde, für das Schriftdeutsch.

Kanzler der Universität wurde der Prager Erzbischof Ernst von Pardubitz, ein Freund Karls. Der Sohn und Nachfolger des Kaisers Wenzel IV. (1378–1419) indes war eine schwache Figur. Die rheinischen Kurfürsten setzten ihn 1400 als Kaiser ab, in Böhmen regierte er noch bis 1419. Sein jüngerer Bruder Sigismund (1410–1437) wurde nach einem kurzen, sehr kläglichen Zwischenspiel des Pfälzischen Wittelsbacher Ruprecht deutscher König. Sein Majestätsbrief nützte dem Prager Magister Jan Hus aus Husinec (Westböhmen) auch nichts mehr. Er wurde in Konstanz verbrannt. Die Flammen schlugen bis nach Böhmen und noch weiter. Eine grausame Jagd auf Deutsche begann, die aus Böhmen vertrieben, Klöster vernichtet, Privat- und Kirchenbesitz enteignet wurden. Wenzel hatte leider gar nichts von seinem Vater geerbt. Er war nicht in der Lage, die aufkommenden Spannungen, bedingt allein schon durch 2 Päpste! – abzubauen. Im Gegenteil! Er verbündete sich mit dem tschechischen Nationalismus und unterschrieb das Kuttenberger Edikt, das die Tschechisierung der Universität besiegelte. Die deutschen Magister und Scholaren zogen nach Leipzig und gründeten dort, gefördert vom sächsischen Kurfürsten Friedrich dem Streitbaren, die Leipziger Universität. Hus jubelte in der Bethlehemskirche: „Kinder, gelobt sei der allmächtige Gott, daß wir die Deutschen verdrängt haben." Nach Beendigung der Hussitenkriege bestätigte zwar Kaiser Sigismund die alten Privilegien, und 1447 gestattete der Papst sogar die Wiedereröffnung einer katholischen Fakultät. Doch der alte Rang wurde nicht mehr erreicht. Schließlich überwarf sich Hus mit Wenzel, den 1419 der Schlag trag, als er vom „Prager Fenstersturz" – der erste! – hörte. Sigismund machte seine Ansprüche auf den böhmischen Thron geltend, den er 18 Jahre später inne hatte. Erbe nach seinem Tode wurde sein Schwiegersohn Albrecht von Österreich (1438–1439). Albrecht II. gewann auch die ungarische Krone und wurde Römischer Kaiser. Erstmals waren Österreich, Böhmen und Ungarn vereinigt, aber nur für kurze Dauer. Er starb auf einem Ungarnfeldzug. Sein nachgeborener Sohn Ladislaus ging leer aus. Der steirische Habsburger Friedrich III. vermochte nicht seine Ansprüche zu behaupten.

König von Böhmen wurde 1458 Georg von Podiebrad (1420–1471 – liřiz Poděbrad), der zunächst als Reichsverweser eingesetzt war. Er war Führer der gemäßigten Hussiten, der Utraquisten. Volkstümlich wurde er daher auch als „Hussitenkönig" bezeichnet. Er unterlag dem ungarischen König Matthias Corvinus (1458–1490), der seine Machtfinger nach Mähren, Schlesien und Lausitz ausstreckte und das Nachfolgerecht für Böhmen geltend machte. Nach dem Tode von Georg wählten die böhmischen Stände 1471 Vladyslav von Polen Jagiello (1471–1516), er einigte sich im Frieden von Olmütz (1478) mit Corvinus, nach dessen Tod er auch die Stephanskrone erhielt. Böhmen wurde von einem königlichen Statthalter regiert. 1515 vereinbarte Vladyslav mit dem Habsburger Kaiser Maximilian I. (1493–1519) in Wien die Verbindung beider Familien durch Heirat. 1526 fiel Ludwig II. bei Mohacs gegen die Türken. Böhmischer König wurde der Habsburger Ferdinand I. (1526–1564). Damit begann die 400jährige Herrschaft der Habsburger über das Großreich Österreich, Böhmen, Mähren, Ungarn und Slowakei, die bis 1918 dauerte. Der 2. Prager Fenstersturz vom 23. Mai 1618 löste den Dreißigjährigen Krieg aus. Der Aufruhr begann als Protest gegen die Verletzung des Majestätsbriefes von 1609, in dem den böhmischen Ständen die volle Religionsfreiheit zugesichert wurde. Die Habsburger gewannen die Schlacht am Weißen Berg gegen den Winterkönig Ferdinand V. am 8. November 1620, der mit seinem Gefolge gerade noch fliehen konnte. Die übrigen Führer des Aufstandes wurden im Juni 1621 auf dem Altstädter Ring in Prag grausam hingerichtet; 17 Tschechen, darunter der Katholik Graf Czernin, und 10 Deutsche, darunter Graf Schlick aus dem Egerland. 1749 wurde unter Kaiserin Maria Theresia (1740–1780) die „Böhmische Kanzlei" aufgehoben. Leider verlor sie auch den Siebenjährigen Krieg (1756–1763) gegen den Preußenkönig Friedrich II., und damit endgültig den größten Teil Schlesiens. Das beträchtliche deutsche Übergewicht im böhmischen Raume war somit verschwunden. Der preußische Erfolg war nur möglich, weil die Russen ins Lager des Preußenkönigs wechselten. „Böse" Historikerzungen betrachten „Friedrich den Großen" als den eigentlichen Gründer der 1. tschechoslowakischen Republik. Jedenfalls wäre nicht nur den Sudetendeutschen, sondern auch der übrigen Welt viel erspart geblieben, wenn der preußische Militarismus deutlich reduziert worden wäre ... Der Sohn und Mitregent Kaiser Joseph II. (1780–1790) vertiefte die eingeleitete Schulreform, ließ den Unterricht auch in tschechischer Sprache zu und gewährte wieder Religionsfreiheit. Auch hob er die Leibeigenschaft auf. Treibende Kraft war hier der Reichstagsabgeordnete Hans Kudlich. Das Revolutionsjahr 1848 bringt in Europa nationalistische und soziale Tendenzen. 33 deutsche Abgeordnete aus Böhmen, Mähren und Sudetenschlesien reisen zum Frankfurter Parlament. František Palacký, der berühmte tschechische Historiker, schreibt seinen bekannten Absagebrief mit einem

Bekenntnis zur Mission des österreichischen Kaiserstaates. Der von ihm mitgestaltete Slawenkongreß im Juni in Prag, bei dem es wohl mehr um Gleichberechtigung der Tschechen ging, nahm ein gewaltsames Ende. Leider agierte in Prag der russische Anarchist Bakunin, der die Stimmung am Rande des Kongresses anheizte. Es kam zu Aufruhr und Gewalttaten, die Nationalgarde versagte, Studenten griffen das Militär an. Nun schlug Fürst Windischgrätz hart zu. Er löste auch den Kongreß auf. Seine Frau, eine geborene Fürstin Schwarzenberg, wurde in ihrem Zimmer durch eine verirrte Kugel getötet. Auch der Aufstand in Wien im Oktober desselben Jahres wurde blutig niedergeworfen. Den Sudetendeutschen erging es ähnlich, als sie in einer friedlichen Demonstration, aufgerufen hatten dazu vor allem die Sozialdemokraten, für ihr Selbstbestimmungsrecht im März 1919 auf die Straßen gingen, das ihnen verwehrt blieb. Gleichgelagerte Verhältnisse gibt es leider immer noch! Das Selbstbestimmungsrecht ist und bleibt das Fundament einer europäischen Friedensordnung!

Unter Kaiser Franz Joseph I. (1848–1916) kam es allmählich zu einer Liberalisierung, aber auch zu einer Schwächung Österreichs nach der Niederlage gegen Preußen bei Königgrätz (1866) und dem nachfolgenden Ausscheiden aus dem Deutschen Bund. Kaiser Karl (1916–1918) konnte das Blatt nicht mehr wenden. Er scheiterte 1917 mit seiner Verfassungsreform.

Auf Goethes Spuren

Einige Wochen wären nötig, um Goethes Wegen einigermaßen zu folgen. Nicht nur mit dem Auto, auch zu Fuß. Goethe reiste in der Regel von Weimar kommend über Hof nach Asch (Aš), Franzensbad (Františkovy Lázně), Marienbad (Mariánské Lázně), Karlsbad (Karlovy Vary), machte Station in Eger (Cheb), Teplitz (Teplice), besuchte die Schneekoppe (Sněžka), immerhin 1602 m hoch, im Riesengebirge (Krkonoše). Er durchstreifte die Landschaft, oft begleitet vom Steinschneider Josef Müller, für den er eine Gesteinssammlung zusammenstellte und dazu schrieb: „Abhandlung zur Kenntnis der Gebirge von und um Carlsbad“ (1808). Er betrieb viele geologische Studien im Egerland, fand im Naturforscher Graf Caspar Sternberg aus Marienbad einen Freund, der später auf seine Anregung hin, als er das Land längst verlassen hatte, einen Stollen in den erloschenen Vulkan Kammerbühl (Komorní Hůrka), in den Jahren 1834–37 trieb. Relief des großen Dichters im Basaltfelsen. Inzwischen ist dort ein interessanter Lehrpfad angelegt. Mit Rat Grüner sah er sich das Vinzenzifest am 26. August 1821 in Eger an, das er literarisch verewigte. Auch über den Kammerbühl schrieb er. Überhaupt hatte offensichtlich die Atmosphäre des westböhmischen Bäderdreiecks eine befruchtende Wirkung auf den Dichterfürsten ausgeübt. „Die Wahlverwandschaften“ entstanden fast gänzlich auf Karlsbader Boden. Auch für andere Werke gingen entscheidende Impulse aus. Und selbstredend interessierte ihn auch Stift Tepl (Teplá), eine der Wiegen europäischer Kultur. Angetan war er ebenso von dem Schriftgut von Karl Huss aus Eger über den Aberglauben und von den Naturdichtungen des Falkenauers Anton Fürnstein. Die Begegnung mit Beethoven war allerdings nicht so berauschend. Aus Franzensbad schrieb dieser u. a.: „Goethe behagt die Hofluft zu sehr, mehr als es einem Dichter ziemt.“ Erstmals betrat Goethe böhmischen Boden, von dem er

Historische Ansichtskarte mit Poststempel: Franzensbad 23.X.1811, Verlag C.G.Stöhr Eger

nicht mehr so schnell loskommen sollte, als 36jähriger 1785. Achtunddreißig Jahre später weilte er zum letzten Male in seinem heißgeliebten Böhmen, in das er insgesamt 17 Reisen unternahm. Nicht nur die Schönheit des Landes, auch die der Frauen gefielen ihm. Über die junge Kaiserin von Österreich Maria Ludovidka, beide verstanden sich recht gut, verfaßte er vier Gedichte. Mehr Erfüllung fand er bei ihrer Hofdame Gräfin O'Donell. Ein junges, liebenswürdiges Mädchen zog ihn jedoch schon vorher in seinen Bann: Silvie von Ziegesar, Töchterlein eines gothaisch-altenburgischen Ministers. Diese Beziehung fand ebenfalls Niederschlag in einem Poem. Außerdem tauschten beide zur Erinnerung an dieses liebliche Sommererlebnis Haarlocken aus. Ulrike von Levetzow traf den alternden Dichter wohl mitten ins Herz, die er sein „Töchterchen" nannte, aber

mehr empfand als nur väterliche Liebe. Der Heiratsantrag durch seinen Freund, den Großherzog Karl August von Sachsen-Weimar, wurde abgeschlagen. Hier setzte die Natur offensichtlich Grenzen. Ulrike war nicht nur ein liebendes, das alle anderen Bewerbungen abschlug, sondern auch ein gescheites Mädchen. Am 28. August 1823 schrieb Goethe in sein Tagebuch:
„Es ist vorüber ... Der Vierundsiebzigjährige liebt die Neunzehnjährige. Der welke Greis die junge Blüte. Voller Hoffnung ... Ich bin gehüpft und gesprungen, daß mir die Adern unter der Narrenkappe zu platzen drohten ... Nein, ich muß fort, ich muß gehen und werde nie mehr zurückkehren."
Kurz vorher genoß er noch einmal mit der Familie von Levetzkow die schöne Landschaft um Karlsbad, fuhr an die

Karlsbad (Karlovy Vary) Alte Wiese mit Blick gegen den Hirschsprung. Einst lustwandelte hier Goethe, am liebsten natürlich mit seiner süßen Ulrike.

Eger, zum Hornerberg, Stahlenhof, Hans Heiling und Pirkenhamer. Am nächsten Tag ging es nach Elbogen ... Goethe nahm Abschied vom Egerland. Am 5. September 1823 verließ er Karlsbad für immer.
Schon in Eger begann er zu dichten:
„An heißen Quellen verbringst du deine Tage.
Das regt mich auf zu innerm Zwist.
Denn wenn ich dich so ganz im Herzen trage
begreif ich nicht, wie du wo anders bist."
Als „Marienbader Elegie" ging Goethes Liebe zur süßen Ulrike in die Weltliteratur ein. Ebensowenig sollte aber Goethes Liebe zu Böhmen, zum Egerland vergessen werden. In dieser großartigen Kulturlandschaft hat er seine Spuren hinterlassen, auf die wir immer wieder stoßen werden. Eine Reise ins westböhmische Bäderdreieck, ins Egerland lohnt immer. Auch wenn vieles nicht mehr so ist wie früher, manches sich verändert hat, dem Verfall preisgegeben wurde, oder der Unvernunft zum Opfer fiel. Viele Hände regen sich, auch deutsche, um alten Schutt wegzuräumen, um das Antlitz dieses herrlichen Landes wieder menschlich zu machen.

Mittelpunkt Europas

Der 15 km südöstlich von Eger gelegene Tillenberg gilt – wenn es geographisch auch nicht ganz stimmt – als der Mittelpunkt Europas. Der sagenumwobene Berg reckt sein Steinhaupt 939 m hoch und gehört zum nördlichsten Ausläufer des Böhmerwaldes. Zu seinen Füßen breitet sich das Egerland, das im Norden an Sachsen und im Westen an Bayern grenzt. Der ehemalige Regierungsbezirk war 7466 qkm groß und hatte 803 300 Einwohner. Nun ist dieser ein Teil Westböhmens, dessen Größe 10 876 qkm beträgt.

Fachwerkbauernhof in Oberlohma (Horní Lomany)

Egerländer Getreidekasten am Eingang zur „Soos" bei Rohr

Vierkanthof in Rohr (Novŷ Drahov) Richtung „Soos"

Verwaltungssitz ist Pilsen (Plzeň),die zweitgrößte Stadt Böhmens. Schon 1968 sprossen zarte Freiheitspflänzchen aus kommunistischem Dung. Als aber der „Prager Frühling“ zu üppig blühte, wälzten ihn die Ostblockpanzer nieder. Schließlich obsiegte 1989 die „Sanfte Revolution“, deren Träger führende Köpfe der Bürgerrechtsbewegung „Charta 77“ waren. Am 29. 12. 1989 wurde Václav Havel zum Staatspräsidenten des tschechoslowakischen Staates gewählt, der jedoch drei Jahre später auseinander triftete, da die Slowaken selbständig sein wollten. Die Trennung vollzog sich Gott sei Dank auf friedlichem Wege. Seit dem 1. Januar 1993 heißt der neue Staat Tschechien samt westböhmischem Bäderdreieck und Egerland. Oberster Chef ist wiederum der Präsident Václav Havel, der die Vertreibung der Sudetendeutschen als zutiefst unmoralische Tat bezeichnete. Vielleicht macht der Tillen wegen des zwangsweisen Hinauswurfs der angestammten Bevölkerung ab

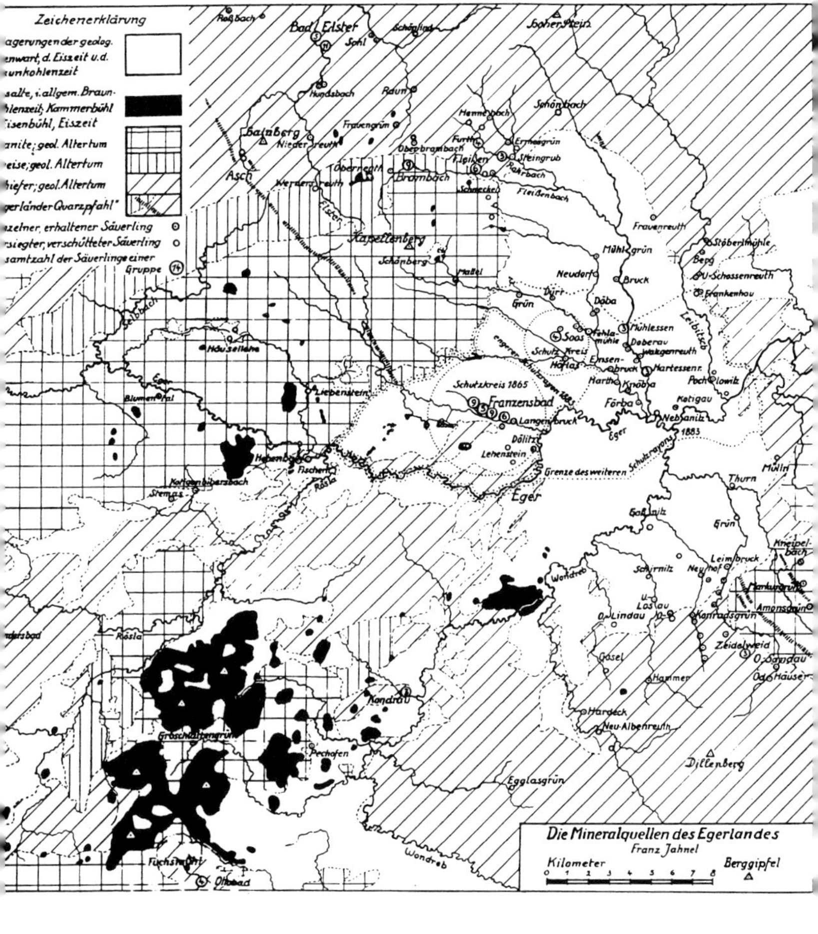

Die Mineralquellen des Egerlandes. Die Egerländer erschlossen sie den Kranken aus aller Welt

Jagthütten der Fürsten Schönburg auf der „Glatzen"

Kaiserwald

und zu so ein düsteres Gesicht. Trotzdem ist die Rundsicht von ihm fabelhaft. Nördlich liegt das Elster- und Erzgebirge. Davor öffnet sich weit das Egerer Becken, Herzstück des Egerlandes. Eine fruchtbare, wellige tertiäre Landschaft von 450–480 m Höhe, durchflossen von der aus dem Fichtelgebirge kommenden Eger (Ohře), in die nördlich der Fleißenbach und südlich die Wondreb münden. Braunkohlenlager, Tongruben, Torfstiche und mächtige Moore birgt der Boden, am bekanntesten das 5 m tiefe Mineralmoor „Soos" bei Rohr (Nový Drahov), 6 km nordöstlich von Franzensbad. In Rohr stehen noch gut erhaltene Vierkanthöfe, verziert mit reichlichem Fachwerk. Das etwa 210 Hektar große Torf- und Mineralmoor ist nachvulkanischen Ursprungs. In ihm sprudeln warme Quellen, in denen sich Kohlendioxyd mit Mineralwasser vermischt. Die Kaiserquelle sprudelt immer noch recht munter; sie schmeckt köstlich und ist außerdem ein Gesundbrunnen, wie alle Quellen des Bäderdreiecks. Ein Lehrpfad aus Knüppelholz führt durch dieses einzigartige Naturschutzgebiet, das mit Glaubersalzflächen überzogen ist. Die Kieselgurschicht stammt aus Kieselschalen eines verschwundenen Sees. Seltene Flora gedeiht hier: Schuppermiere, Milchkraut, Dreizack und Flechtbinse. Auf Torfböden auch der fleischfressende Sonnentau. Am Eingang zur „Soos" ein original Egerländer Getreidekasten und ein Museum mit Dauerausstellung über die Natur dieser einmaligen Landschaft. Auch Goethes Gesteinssammlungen werden erwähnt.

Für Goethe waren auch die beiden erloschenen Vulkane höchst interessant, so daß er sich mit ihnen eingehend befaßt hat. Der eine ist der schon erwähnte Kammerbühl bei Franzensbad und der andere der Eisenbühl zwischen Gosel und Altalbenreuth. Beide stammen aus dem jüngeren Diluvium.

Östlich liegen der Kaiserwald und das Tepler Hochland. Höchste Erhebungen im Kaiserwald (Slavkovský les): Judenhau (987 m), Glatze (978 m), Knock (856 m) Krudum (835 m), Wolfstein (880 m) und Hasentanz (831 m). Dieses ca. 16 000 Hektar große, urtümliche, von Tälern zerfurchte Waldgebirge fällt zum Egergraben steiler ab, während es gegen Marienbad zu allmählich absinkt. Die Quellen dieses Kurortes werden aus dem Kaiserwald gespeist. Die Torfmoorflächen beim Jagdschloß Glatzen wurden schon 1933 zum Naturschutzgebiet erklärt. Vom großen Teich führt ein alter Flößgraben weg.

Um den Teich herum führt ein mit Informationstafeln ausgestatteter Lehrpfad. Kiefern, Moosbeeren, Torfpflanzen, Farne sind naturgemäßer Rahmen; Landschaftsbilder allererster Güte, auch wenn eine Reihe von Kaiserwalddörfern verschwanden. Am Südhang des Waldgebirges ließ der „Kanzler Europas“ Clemens Wenzel Lothar Fürst von Metternich das barocke Familienschloß in ein dreiflügeliges Empireschloß durch den italienischen Architekten Pietro Nobile von 1833–1839 umbauen. Schloß Königswart (Zámek Kynžvart) beherbergte eine prächtige Bibliothek, ein Steckenpferd des Kanzlers, der sich mit Naturwissenschaften, Geschichte und Archäologie befaßte. Viele Bücher trugen handschriftliche Randbemerkungen des Fürsten. Erzieher seiner Kinder war kein geringerer als Adalbert Stifter und sein Freund Pater Paul Rath. In Stifters Roman „Nachsommer“ wird so manches von diesem Schloß sichtbar. 1869 hielt sich Alexandre Dumas d. Ä. im Schloß auf. Auch hier stoßen wir auf Goethes Spuren: 1818 und 1822 war zu Gast in Königswart. Sein alter Bekannter aus Eger, Scharfrichter Karl Huss, war erster Kustor des Schloßmuseums, in das er eigene Sammlungen einbrachte. Das Schloß, umgeben von einem 100 Hektar großen englischen Park mit Teich und reizvoller Gartenarchitektur, wurde durch Kanzler Metternich ein Hort österreichischer und vor allem auch europäischer Politik.

Die Säuerlinge des Kaiserwaldes sorgten für die Entstehung von noch weiteren kleineren Badeorten und Sommerfrischen. Früher wurde auch Bergbau betrieben, wovon aufgelassene Stollen, Gänge, Mundlöcher und Flößgräben bei den ehemaligen Bergstätten Schlaggenwald, Lauterbach und Schönfeld heute noch Zeugnis geben. Abgebaut wurden Silber, Zinn und das seltene Wolframerz.

Der Abbau der Erze wurde seit dem 13. Jahrhundert betrieben und blühte im 15. Jahrhundert so richtig auf, als die Junker von Meißen und hernach die Herren von Plauen Bergwerkseigentümer waren. Noch tüchtiger war das Geschlecht der Pflug von Rabenstein, die 1495 die Bergstädte Schlaggenwald, Schönfeld und Lauterbach übernahmen. Im 18. Jahrhundert gings bergab mit dem Bergbau. Erst der Bedarf des „Großgermanicums" kurbelte den Abbau von Zinn und Wolfram wieder an. Unter dem Zepter der Firma Krupp entstand der Großbetrieb „Egerländer Erzbergbau GmbH". In den 50er Jahren begann auf Geheiß der Sowjetunion die rücksichtslose Ausbeutung der Uranlager. Die Schlaggenwalder Umgebung wurde eine Wahnsinnslandschaft: Hinter Stacheldrahtwällen schufteten politisch Unzuverlässige verschiedener Nationalität mehr als 10 Jahre lang. Später wurde noch Zinn abgebaut, was jedoch allmählich unrentabel wurde. Ende 1995 stellten die Tschechen den Bergbau im Kaiserwald ein. Hoffentlich bleibt es dabei, denn der Kaiserwald hat sich wieder in eine urtümliche, bewaldete Berglandschaft entwickelt mit reicher Tier- und Pflanzenwelt. Und hoffentlich verschandelt ihn nicht, wie es ja meist üblich ist, die Fremdenverkehrsindustrie, den Wintersport eingeschlossen. Apropos Wintersport: Bereits im Winter 1938/39 wurde in Sangerberg die neuerbaute Sprungschanze mit einem Meisterschaftsspringen eingeweiht. Und die Marienbader gründeten ja schon 1905 einen Wintersportclub. Mehr darüber unter dem Kapitel „Marienbad".

Das Tepler Hochland (Tepleská vrchovina) war überwiegend landwirtschaftlich genutzt. Mittelpunkt ist zweifellos das Stift Tepl (Teplá), Wiege europäischer Kultur, von tschechischen Kommißstiefeln arg gebeutelt. In den 50er Jahren Kaserne mit Latrinenzellen. Der Freskensaal wurde zur Offizierssporthalle umfunktioniert. Der damalige Rekrut und spätere Geheimdienstmajor Josef Frolik beschwerte sich beim Stabskapitän Kubaric über diese Kulturschändung. Später traf er in Prag Kubaric als Oberst wieder. Frolik schrieb alles auf; eine interessante Dokumentation. Inzwischen ist wieder geistliches Leben in das Prämonstratenserstift eingekehrt, das 1193 durch den Gaugrafen Hroznata gegründet wurde. Die Stadt selbst, an der Tepl gelegen, entstand im 12. Jh. als kleine Siedlung an einer Burg und erhielt 1385 die Stadtrechte. Sie ist nur 2 km vom Stift entfernt und besitzt eine wunderbare Barockkirche, die Christoph Dientzenhofer zugeschrieben wird. Sehenswert sind auch die Bürgerhäuser und die Dreifaltigkeitssäule.
Das Duppauer Gebirge grenzt südlich ans Tepler Hochland und reicht gegen Norden an das Saazer Becken heran, eines der fruchtbarsten Agrargebiete in Westböhmen. Saazer Hopfen ist fast weltberühmt. Daneben gedeihen Zuckerrüben, Weizen, Obst und Gurken ebenfalls sehr gut. Die Hopfenhändler zählten ja nicht gerade zu den Ärmsten des Landes. Das Landstädtchen Duppau (Doupov) nebst Stiftsgymnasium gingen unter. Es lag am Fuße des Flurbühls (644 m), der aus dem seltenen Theralith besteht. Die höchste Erhebung am Rand des Kraters eines in grauer Vorzeit mächtigen Vulkans ist der Burgstadlberg mit 932 m Höhe. Unweit davon soll Samo das Frankenheer geschlagen haben.
Zwischen Kaiserwald und Erzgebirge liegt das Falkenauer Becken. Die Eger grub sich bei Elbogen (Loket) und den sagenhaften Hans-Heiling-Felsen – Goethe hat Elbogen als „landschaftliches Kunstwerk“ gesehen, „das sich von allen Seiten betrachten läßt“ – 200 m tief ein.

Die wildromantische, biziarre Felsengruppe im Egertal (Údolí Ohře), eben der Hans-Heiling-Felsen, ist durch Theodor Körners Novelle literarisch berühmt geworden. Mit „Die fünf Eichen in Dallwitz“ besang er außerdem einen knorrigen, fast tausend Jahre alten Eichenbaum bei Dallwitz (Dalovice). Hinter ihr steht ein Denkmal des Dichters. Erinnerung an seinen Aufenthalt von 1810.
Zu Goethes Zeiten wurde im Falkenhauer Becken Hopfen angebaut, bis riesige Kohlenlager entdeckt wurden. Außerdem stieß man auf reiche Kaolinvorkommen. Voraussetzungen also für eine starke industrielle Entwicklung. Allein in Falkenau wurden früher im Tagbau und aus 32 Tiefbauschächten jährlich an die 40 Millionen Tonnen Kohle gefördert. Und in Zettlitz (Sedlec) wurde Kaolin mit Spitzenqualität gewonnen. Diese „Goldschätze“ des Egerlandbodens bildeten im übrigen die Grundlage einer weltweit bekannten Porzellanindustrie.

Bleiben wir gleich in Falkenau (Sokolov). Da stinkt leider noch so mancher Fabrikschlot in den Himmel. Filteranlagen aus Deutschland wurden Gott sei Dank schon geliefert. Die gute Zusammenarbeit zwischen tschechischen und deutschen, vor allem bayerischen Umweltbehörden ist hier uneingeschränkt zu begrüßen. Die Stadt wird angeblich von 18 Nationalitäten bewohnt, darunter 5000 Deutsche. Insgesamt zählt sie 30 000 Einwohner. Hochhäuser haben das Stadtbild verändert. Erste historische Nennung 1279, als die Brüder Nothaft aus Bayern kamen. Sie waren erste Besitzer des Schlosses. Ein beachtlicher Viereckbau mit Ecktürmen. Außenfronten stammen aus dem 18. Jh. Spätere Schloßherren waren die Grafen Schlick und Nostitz. Graf Nostitz-Rhieneck vermählt sich mit der Tochter des Erzherzogs Johann Ferdinand. Natürlich ist das Schloßmuseum einen Besuch wert, ebenso die frühbarocke Pfarrkirche Hl. Jacob mit Arbeiten von Eberle am Hochaltar und das ehemalige Kapuzinerkloster aus dem 17. Jh..

Falkenauer Marktplatz mit Pfarrkirche Hl. Jakob. (Sokolov)

Schloß

Egerländer Geräteschuppen

Schön anzusehen ist auch der Barockbrunnen aus 1717 mit der Statue eines Falkners (Wastl). Wenig erfreut allerdings wäre der von Goethe – wie schon erwähnt – gepriesene Volksdichter Anton Fürnstein von der traurigen Tatsache, daß unter dem Abraum etliche Egerländer Dörfer begraben liegen, und daß 2 km nordwestlich 1939–45 ein Konzentrationslager war. In Svatava (Falkenauer Vorort) erinnert daran ein Mahnmal.

Ein weiterer Falkenauer, nämlich Toni Schönecker schuf den Monumentalfries am Bergarbeiterheim und das 6 m hohe Kriegerdenkmal. Von ihm stammt auch das imposante Wandfresko im Egerlandhaus zu Marktredwitz, von 1340–1816 Tochterstadt der freien Reichsstadt Eger. Marktredwitz ist Große Kreisstadt mit 19 500 Einwohnern. In einer Urkunde vom Markgrafen Diepold II. von Vohburg, dem

Vater des Egerlandes, wird der Ort erstmals 1140 als „Radewice“ erwähnt, der im Jahre 1314 schon Markt war. Wieder tritt Kaiser Ludwig der Bayer in Erscheinung, der 1339 den Markt dem Kloster Waldsassen schenkt, dessen Abt Franziskus ein Jahr später ein Geschäft daraus macht: Er verkauft den Markt an die freie Reichsstadt Eger. 1384 erhält Redwitz Egerer Stadtrecht. Im gleichen Jahr entsteht die evangelische Bartholomäuskirche, die wiederholt umgebaut wurde und das Alte Rathaus. 1776/77 wird die katholische Maria-Theresia-Kirche erbaut. Fresken und Altarbild von Adam Stadler, der aus der berühmten Öl- und Freskomalerfamilie aus Eger stammt. Ein weiterer Meister aus Eger schnitzte die vier Figuren am Hochaltar. Es ist ein Hauptwerk von Christoph Langer, der weitere Meisterwerke in Kirchendemenreuth/Opf., Dominikanerkirche in Eger und im Umland schuf. Dieser spätbarocke Bildhauer steht der Qualität der Stilpschen Werkstatt in nichts nach. Johann Karl Stilp aus Eger ist der Schöpfer der grandiosen Figuren in der weltberühmten Stiftsbibliothek zu Waldsassen.

Im Egerlandhaus ist das Egerland-Museum untergebracht. Es beherbergt eine umfangreiche Studienbücherei mit sehr frühen Druckerzeugnissen. Alte Urkunden sind genauso zu finden wie Gemälde von verschiedenen Egerländer Künstlern. Nicht vergessen darf die Volksliedersammlung von Albert Brosch werden. Trachten aus den Heimatgebieten, Mobiliar, Musikinstrumente, Zinn, Glas, Porzellan, Trinkbecher und Gläser aus den Weltbädern und noch vieles andere mehr. Wanderausstellungen werden gezeigt, die dann auch in Westböhmen zu sehen sind. In Zusammenarbeit mit dem Museum hat das Stadtarchiv Eger die erste gemeinsame Ausstellung auf die Beine gestellt: „Eger 1990 – Cheb 1990“. Zu dieser Ausstellung sind ein zweisprachiger Katalog und zweisprachige Plakate erschienen. Grenzüberschreitende Aktivitäten auf kulturellem Gebiet sind also genügend vorhanden.

Anschrift des Museums: Fikentscherstraße 24 in 95615 Marktredwitz. Öffnungszeiten: Dienstag bis Donnerstag 14–17 Uhr, Gruppen nach Vereinbarung auch außerhalb der Öffnungszeiten. Tel. 0 92 31-39 07. Marktredwitz liegt am Fuße des Naturparks Fichtelgebirge, das Quellgebiet der Eger, die eine Wegstrecke von 350 km zurücklegt, bevor sie bei Theresienstadt (Terezín) in die Elbe mündet. Jene

Figuren von Johann Karl Stilp aus Eger

Rokoko-Kanzel in der Theresienkirche

Stadt, die im Zweiten Weltkrieg traurige Berühmtheit als Ghetto und Durchgangslager für tschechische Juden erlangte. Im 18. Jh. wurde sie Festungsstadt gegen die Preußeneinfälle nach Böhmen. Kaiser Joseph II. legte am 10. Oktober 1780 persönlich den Grundstein zum Festungsbau. Festungsbaumeister war Mezières. Die monumentale Garnisonskirche im Empirestil entstand von 1805–1810. Gegenüber der Egereinmündung am Elbenordufer liegt

Alte Bauernstube im Egerland-Museum

Leitmeritz (Litoměřice), dessen Marktplatz, der heutige Friedensplatz (Mirové nám), zu den schönsten und größten Plätzen Böhmens zählt. Aus dieser Stadt, durch die Elbbrücke mit der barocken Festungsstadt Theresienstadt verbunden, stammen der berühmte Slawist Josef Jungmann (1773–1847) und der nicht minder berühmte expressionistische Zeichner Alfred Kubin, dessen Andenken von den Sudetendeutschen hochgehalten wird.

Spielberg
Epprechtst.
Kirchenlamitz
Gr.-Wendern
Waldstein
3
2
Marktleuthen
3
Hebanz
Weißenstadt
NATURPARK FICHTELGEBIR
3
fsgrün
3
Vordorf
Nußhardt
Wunsiedel
Seehaus
4
Tröstau
6
6
4
6
7
Alexandersb.
Luisenburg
Fichtelberg
5
Kösseine
5
8
Nagel
Waldershof
meisel
7
5
Brand
9
Ebnath
Marktredw. Haus
7
Oberpf. Turm
Weißenstein
N.-P. STEIN
Trevesen
Armersbg.
Kemnath
9
9
Pfabe
adt
Rauher Kulm
Speinshart
Erbe

Naturparks um Marktredwitz

Nicht nur in der ostdeutschen Galerie zu Regensburg. Im Sudetendeutschen Haus gibt es neben dem Adalbert-Stifter-Saal selbstverständlich auch einen Alfred-Kubin-Saal. Kubin ist der erste Träger des großen sudetendeutschen Kulturpreises (1955). Wir wollen aber ins Fichtelgebirge wieder zurückkehren, in dem auf gepflegten Wanderwegen, die in Obhut vom Fichtelgebirgsverein stehen und entsprechend markiert sind, die rauhe Bergluft man sich um die Nase wehen lassen kann. Interessant ist der Quellenweg, der nach Bad Alexandersbad, Luisenburg, Nagel, Fichtelsee, Fichtelnaabquelle, Weißmainquelle, Kraches, Egerquelle, Torfmoorhölle, Saalequelle, Zell und Münchberg führt. Ganz schöner „Hatscher", wie man in Bayern zu sagen pflegt; er mißt nämlich 46 km!
Höchste Erhebungen aus Granit und Gneis: Schneeberg (1051 m), Ochsenkopf (1024 m), Kösseine (939 m) und Waldstein (877 m). Umschlossen werden sie von einem bewaldeten, meist aus Glimmerschiefer bestehenden Hochland, das nach Osten zu zum Egerer Becken hin abflacht. Auf der Rumpfscholle des Fichtelgebirges, sich ins Elstergebirge hinaufschiebend, breitet sich auf 630–700 m Höhe das Ascher Ländchen aus.

Ascher Ländchen

Rauhes Klima und unwirtliches Hochland ließen die Agrarwirtschaft weniger gedeihen. Dafür entwickelte sich eine rührige Heim- und Nebenarbeit, Textil- und Schuhindustrie. Vom Kapellenberg (759 m) des Elstergebirges im nahen Vogtland, in dem Bad Elster ein reizendes Badestädtchen mit 5 Trink- und 11 Badequellen, Mineral- und Moorbädern ist, hat man, wie auch vom Tillen, einen prächtigen Blick über das Egerland von der Plattform des Kapellenbergturmes aus. In nur 13 km Entfernung Luftlinie ragen die Türme der Egerer Stadtpfarrkirche St. Niklas in den Himmel. Am Fuße des Hainberges (Háj) 758 m hoch mit Aussichtsturm und Touristenhütte liegt Asch. Im Winter gibt es sogar eine Skipiste mit Lift. Vom Hainberg geht die Bergwanderschaft bis zum Hohen Stein, ein wildzerklüftetes Felsenmassiv unweit der Geigenbauerstadt Schönbach beim Dorf Kirchberg (Kostelní); ein beliebtes Ausflugsziel! Wer Lust und Liebe hat kann die Wanderschaft dem Erzgebirgskamm entlang fortsetzen bis zum Bergkönig Keilberg (Klínovec) mit 1244 m Höhe, auf dem ein Berghotel sowie ein Aussichts- und Fernsehturm stehen. Im Winter wird der Keilberg gerne von Skisportlern besucht. Skigelände mit Liften am Nordostabhang. Unweit von Joachimstal (Jáchymov) Talstation einer Sesselbahn. Unentwegte können noch bis zum Hohen Schneeberg (Děčinský Sněžnik), 726 m, im Elbsandsteingebirge (Děčinské stěny) bei Bodenbach (Podmokly), einer der größten Binnenhäfen an der Elbe (Labe) in Böhmen, wandern. Zur Bewältigung dieser mehr als 60 km langen Wegstrecke bedarf es wohl einer guten Kondition, Vorbereitung und entsprechender Zeit. Wir wollen aber wieder ins Egerland zurückkehren und zunächst im Ascher Ländchen bleiben.

Asch (Aš)

Industriestadt mit 13 000 Einwohnern, in der in erster Linie Textilien hergestellt werden. Einst war sie evangelische Bastion, wovon noch das Martin-Luther-Denkmal aus dem Jahre 1883 zeugt. Dahinter stand die evangelische Barockkirche mit hervorragenden Schnitzwerken von Johann Simon Zeitler. Die Kirche brannte 1961 ab; die Reste wurden 1974 gesprengt. Das Turn-Vater-Jahn-Denkmal erinnert

Ansichtsturm auf den Hainberg

noch an die Ascher Turnschule, aus der Konrad Henlein hervorging. Er war Gründer der Sudetendeutschen Heimatfront, die später in Sudetendeutsche Partei umbenannt wurde. Er unterwarf sich Hitler und wurde dessen Gauleiter. Wenzl Jaksch sagte schon 1938 voraus: „Die Sudetendeutschen aber werden das erste Schlachtopfer sein." Henlein durchschnitt sich am 10. Mai 1945 die Pulsadern. Einige Tage vorher versicherte er Fürst Clary glaubhaft, daß er längst nichts mehr zu sagen hatte, daß er belogen, entmachtet und sein Name mißbraucht wurde ... So Heinrich Giegold in seinem Buch „Tschechen und Deutsche – Die Geschichte einer Nachbarschaft." Die industrielle Gründerzeit brachte eine starke Sozialdemokratie auf die Beine. Schon 1562 entstand die erste böhmische Papiermühle und 1864 die erste mechanische Weberei.

Die großen Geister kamen in Asch nicht zu kurz: So hielt sich dort Friedrich Nietzsche auf und Robert Schumann, dessen erste Braut eine „Ascherin" war. Ihr hat er eine Reihe von Tondichtungen gewidmet. Sie beginnen mit den Tönen A S C H . Selbstverständlich hat auch Goethe seine Spuren in Asch hinterlassen. Regelmäßig nahm er Klöppelarbeiten mit nach Hause. Von dieser stolzen Vergangenheit ist im Textilmuseum noch einiges zu sehen. Das 1932 von Johannes Watzal errichtete Goethedenkmal steht einsam und verlassen auf dem häuserleeren Marktplatz. Bleibt noch nachzutragen, daß Asch im 13. Jh. unter die Obhut der Vögte von Plauen kam. 4 km nördlich von Asch liegt Neuberg (Podhradí) mit mittelalterlicher Burgruine. In der evangelischen Barockkirche ist ein herrliches Deckenfresko aus dem Jahre 1682.

Im nördlichsten Teil des Ascher Ländchens liegt Roßbach (Hranice). In diesem Städtchen steht eine schöne protestantische Kirche mit reichhaltiger Barockausstattung. Der Hochaltar ist mit der Kanzel verbunden. Die feine Barockorgel und das meisterlich geschnitzte Taufbecken stehen unter Denkmalschutz. Die evangelische Gemeinde Roßbach hat noch zahlreiche deutsche Mitglieder. Am 23. 6. 1991 hielt Pfarrer Walter Eibich, dessen Initiative maßgeblich zur Kirchenrenovierung beitrug, zusammen mit Pfarrer Pavel Kučera den ersten Gottesdienst in dieser Kirche ab. Für die Badefreuden steht 4 km nordöstlich von Asch der Elsterstausee (Halštrovka) zur Verfügung.

Auf der Ascher Hauptstraße lustwandelte Ende Juli 1797 der verliebte Jean Paul Friedrich Richter von Hof-Selb kommend zu Fuß nach Franzensbad zu seiner angebeteten Emilie von Berlepsch geborene von Oppel. Wie üblich kühlte sich später das Verhältnis wieder ab. Jean Paul kam im Herbst 1993 wieder stark in Erinnerung, als die Akademie der Schönen Künste in München den „Jean-Paul-Literaturpreis“ an die in Pilsen geborene Schriftstellerin Fussenegger verlieh. Einige jüngere Schriftsteller aus Österreich regten sich darüber wegen ihrer frühen Mitgliedschaft in der Nazi-Partei und einigen auf die damalige Zeit gemünzte Poems auf. Nichtsdestoweniger hat Fussenegger die Preissumme der Sperber-Stiftung zur Verfügung gestellt. Die Qualität ihres dichterischen Werkes ist unbestritten. In Pilsen werden wir ihr wieder begegnen. Wir heften uns aber an die Fersen von Jean Paul, weil dies nämlich genau die Route ist, die der alte Goethe zur Fahrt in die Weltbäder benützte.

Rommersreuth (Skalka)

Am Ende des Himmelreicher Waldes beginnt die „Rommersreuther Schweiz“ (Rommersreutské Švýcarsko). Bizarre Quarzfelsen ragen aus wildromantischem, bewaldeten enggeschnittenen Tal, durch das der Leitenbach rauscht. An der Stöckermühle, ein herrlicher Egerländer Fachwerkbau mit Café bei Oberlohma, endet die Talromantik. Kein Wunder, daß sich Goethe in so einer herrlichen Landschaft niederließ und von einem Quarzfelsen aus den Blick über das Egerland schweifen ließ. Zur Erinnerung daran und an den Besuch der Großherzogin Maria Pawlowna von Sachsen-Weimar ließ Rat Grüner 1846 einen Gedenkstein errichten.

Haslau (Hazlov) liegt etwa 3 km vom Goethestein entfernt. Verfallener, zum Schloß umgebauter, befestigter Herrensitz aus dem 13. Jh.. Daran gebaut ist die befestigte Burgkirche, an der noch romanische, gotische und Renaissanceelemente zu entdecken sind. Ein frühbarocker Bau mit Tonnengewölbe. Im Turm älteste Egerlandglocke von 1409. Frühbarocker Hochalter mit reichhaltiger Akanthusschnitzerei, wie auch bei den Seitenaltären. Antependienbilder stammen vom Haslauer Maler Holter. Schön verzierte Kanzel, aus der Werkstatt der Kunsttischlerfamilie Eck aus Eger? Von acht Ölbildern des Haslauer Malers Johann Grünbaum sind nur noch zwei vorhanden. Ebenso ist die Pfarrkirche Kreuzerhöhung, die Pfarrei erstmals 1307 genannt, einen Besuch wert. Am Ortsrand zwei Sühnekreuze, wie sei auch in Mühlessen oder anderswo in Egerland vorkommen.

Bevor wir nach Franzensbad kommen, passieren wir zunächst noch die Antonienhöhe bei Oberlohma. Guter Aussichtspunkt mit einem Hotel. Früher wohnte hier der bekannte Volkskundler Alois John, der am 30. 3. 1860 in Oberlohma geboren wurde und am 1. 8. 1935 in Franzensbad starb. Er studierte Germanistik und Geschichte an den Universitäten Wien, Innsbruck und München. Er leitete das Archiv und das Museum von Franzensbad. Wenn auch sein Ehrengrab in Oberlohma nicht mehr existiert, unsterblich bleibt er durch seine berühmte Dorfchronik über Oberlohma.

Oberlohma (Horní Lomany), nun in Franzensbad eingemeindet. Verschwunden sind viele schöne Fachwerkhöfe. Kurz vor Ende des Zweiten Weltkrieges befanden sich in der Volksschule Angehörige der Familien Stauffenberg und Paulus in Sippenhaft.

Renoviert ist die Barockkirche Hl. Jakobus d. Ä.. Der Hochaltar glänzt mit schönen Rokokofiguren und einem Altarblatt vom Hl. Jakobus d. Älteren. Eindrucksvolle Fresken. Am Triumphbogen Egerer Stadtwappen von Peter Anton Felsner. Figuren in der Mittelnische und daneben vermutlich aus der Stilpschen Werkstatt. Unter der Kanzel spätgotischer Schmerzensmann. An der nördlichen Seite Prunkaltar aus der abgerissenen Franzensbader Kapelle des Hl. Nepomuk.

Linker Seitenaltar in Barockkirche Hl. Jakobus d.Ä. in Oberlohma (Horní Lomany) bei Franzensbad. Stand einst in der abgerissenen Kapelle HL. Nepomuk in Franzensbad. Vermutlich die „Handschrift" von Stilp und Lander.

Egerland „Das L

Karlsbad:

18 warme (30–72°) salinisch-alkalisch-muriatische Quellen;
Magen- u. Darmerkrankungen, Stoffwechselkrankheiten, Leber- u. Gallenwege, Rheumatismus, Neuralgien

Franzensbad:

4 Glaubersalzquellen, 27 Kohlensäuerlinge, radioaktives Eisenmineralmoor;
Frauenleiden, Rheumatismus, Herz- u. Gefäß- Magen-Darmerkrankungen, Stoffwechselkrankheiten.

Marienbad:

Alkalisch-salinisch-muriatische Säuerlinge, Eisensäuerlinge, Moorbäder;
Magen- u. Darmkrankheiten, Stoffwechselkrankheiten, Rheumatismus, Herz- u. Gefäßkrankheiten.

St. Joachimstal:

Radioaktive Thermalquellen
Rheumatismus, Gicht, Neuralgien, Hautkrankheiten, innersekretorische Störungen.

der heilenden Quellen"

Westböhmisches Bäderdreieck
Weltbäder im Egerland

Kein Zweifel: Trotz allen Schönredens ist der Lack ab. Kein Wunder bei jahrzehntelanger kommunistischer Mißwirtschaft nach Vertreibung der angestammten Bevölkerung. Es wird dauern, bis auch die Kulturwunden einigermaßen verheilt sind. Den neuen Kurgästen und den Nachfahren der Egerländer fehlen hier wohl entsprechende Vergleichsmöglichkeiten. So seufzte ein alter tschechischer Ober vom Grandhotel Pupp in Karlsbad. „Ach, die schönen Zeiten sind längst vorbei ..." Sicher sind sie das! Aber die neue europäische Ordnung wird mit der Zeit Aufschwung für die Bäder bringen, deren Heilquellen und Mineralmoore in der Tat einmalig auf der Welt sind. Der „Hausputz" hat schon begonnen. In Franzensbad wird endlich die Kanalisation repariert

Karlsbad (Karlovy Vary)
Mühlbrunnkolonnade

Konstantisbad
(Konstantinnovy Lázně

Franzensbad (Frantiskovy Lázně) Franzensquelle

und manche Kurhausfassade erscheint, wie auch in den anderen Bädern, im neuen Glanz. Gepflegt sollten jedoch mal der Kurpark und der Rosengarten werden. Unverständlich, daß der schöne Brunnen, einst Gegenstück zur Franzensquelle, abgerissen und durch eine „Opferschale" ersetzt wurde. Und wenn in so manchem Reiseführer die tschechischen Kollegen das Goethedenkmal, modelliert vom Egerländer Bildhauer Karl Wilfert, preisen, warum nicht? Nur sollte dann der Morgenzeilpark (Švermovy sady) in Ordnung gebracht werden, bevor man einen Minigolfplatz in der Nähe des alten Glanzhotels Imperial anlegt. Und der Quellentempel bei der Adlerquelle macht auch keinen guten Eindruck. Daß da der alte Goethe allmählich die Stirn runzelt ist klar. Wenn auch sein Bronzerelief am Hotel „Drei Lilien" (U tří lílií) blank poliert ist. In den 30er Jahren jubelten dort die Franzensbader dem UFA-Star Heli Finkenzeller zu, bestens abgeschirmt vom Vater des Autors, der Portier und Chef des Hauses vom Altbürgermeister Loimann war. Goethe war ja in allen drei Bädern wiederholt zu Gast. Ob er noch mit seiner süßen Ulrike auf der Alten Wiese (Stará louka) in Karlsbad lustwandeln würde, ist kaum anzunehmen. So manche Kulturlosigkeit ging ihm mit großer Wahrscheinlichkeit auf das Gemüt. Am meisten erinnert noch das Zentrum von Marienbad an die alten, herrlichen Zeiten, in denen der Geistes- und Geldadel, die Vertreter des Hochadels und der regierenden Häuser Gäste der Weltbäder waren.

„Novellen aus Franzensbad"

Damit soll der Reigen von einer Reihe von Persönlichkeiten eröffnet werden, die in den westböhmischen Bädern weilten. Diese Novellen stammen aus der Feder von Marie von Ebner-Eschenbach. „Das Wandern ist des Müllers Lust" schrieb aber nicht Jean Paul, mit bürgerlichen Namen Johann Paul Friedrich Richter aus Wunsiedel, weil er der Liebe wegen zu Fuß nach Franzensbad pilgerte, sondern der herzogliche anhaltdessauische Hofrat und Bibliothekar Wilhelm Müller aus Dessau, der u. a. Dichter der Schubertlieder ist. Ihm zu Ehren wurde 1910 im oberen Park ein Denkmal errichtet. Ein anderer verfaßte in humorvollen Versen „Ein Märchen aus Franzensbad". Es war Anastasius Grün aus Graz, der steierische Anton Graf von Auersperg. Johann Gottfried von Herder durfte da nicht fehlen; 1803 wohnte er im Hause „Zum Schwarzen Adler". Neben Beethoven besuchten die Kurstadt Luigi Cherubini, Giacomo Spontini, Gasparo Meyerbeer, Friedrich von Flotow und Johann Strauß, der seinen Walzer „An der schönen blauen Donau" spontan mit dem Kurorchester aufführte zum Jubel der Kurgäste. Weiter kamen Fichte, Schopenhauer, Nietzsche, der tschechische Historiker Palacký, Kaiser Franz I., Zar Alexander, Marie Christine Königin von Spanien geb. Erzherzogin von Österreich, Carol I. König von Rumänien und noch andere Kurprominenz.

„Marienbader Elegien“

Mit diesen Elegien von Goethe fand Marienbad Eingang in die Weltliteratur. Weitere berühmte Kurgäste waren von der schreibenden Zunft Ibsen, Gogol, Gorki, Gontscharow, der hier seinen Roman „Oblomow“ schrieb, Turgenjew und Tolstoj. Alexander von Humboldt gab ein „Stelldichein“ wie auch Komponisten vom Range eines Beethovens oder Bruckners. Da durften auch nicht Chopin, Karl Maria von Weber, Spontini, Dvořák, Liszt, Richard Wagner (Entwürfe zu Meistersinger und Lohengrin), Leoncavallo, Rubinstein und Johann Strauß fehlen. Viele gekrönte Häupter waren zu sehen, darunter Kaiser Franz Josef I., Preußenkönig Friedrich Wilhelm IV., der Schah von Persien, der ägyptische Pascha und Eduard VII. von England, der im Hotel „Weimar“ Weltpolitik betrieb. Freud und Franz Kafka runden das Bild der illustren Kurgäste ab.

„Karlsbader Beschlüsse“

1819 zwischen Preußen und Österreich von Kanzler Metternich ausgehandelt, rückten Karlsbad (und Teplitz, dort wurde auch verhandelt) ins politische Blickfeld. Schillernde Kulisse aber waren geschichtsträchtige Figuren, wie sie Wilhelm Schneider, Schüler vom Wiener Akademieprofessor Hans Makart (studierte zunächst an der Münchner Kunstakademie und war Schüler von Piloty) in seinen Kolossalgemälden festhielt. Ein Auszug davon, unter den man getrost einige bekannte Karlsbader „Eigengewächse“ mischen kann: Kaiser Karl IV., Maria Theresia, Joseph II., Franz I., Franz Joseph I., August der Starke, Peter der Große, Prinz Eugen, Blücher, Schwarzenberg, Bismarck, Goethe, Schiller, Herder, Körner, Gellert, Geibel, Postl-Sealsfield, Stifter, Bach, Brahms, Beethoven, Paganini, Smeta-

na, Dvořák, Grieg. Dr. Fabian Summer, Dr. David Becher, Wenzel Wirkner, Wenzel Peter, Walther Klemm, Adolf Hegenbarth, Carl Thiemann, J. M. Göhsl, Ernst Wild, W. Srb-Schloßbauer und Hugo Uher. Walzerkönig Josef Labitzky zählt auch dazu.
Franzensbad liegt in herrlicher Park- und Waldlandschaft, zu der sich weißgeschäftete Birken im Moor gesellen. Mineralmoor allererster Güte, dem der Kurort mit seinem Weltruf verdankt. Eine unwahrscheinliche romantische Naturschönheit von ungefähr 14 qkm Fläche, über die ein Holzknüppelweg – früher war es wenigstens so – zum Amerikasee führt mit Fischrestaurant, Campingplatz und Zoo, der etwas vorgelagert ist. Ein Vogelschutzgebiet gibt es auch. Zum Restaurant Amerika kommt man auch durch den Westpark (Dvořákovy sady), der an das 1827 erbaute Loimannbad I (Loimannpark) angrenzt. Daneben sprudelt lustig die von einem offenen Oval eingefaßte Luisenquelle. Als Lausbuben balancierten wir auf dem die Quelle umgebenden Handlauf. Wehe dem, es verlor einer die Balance! Nicht nur ein kühles Quellenbad war die Folge. Westendpark, Loimannpark. Gepflegte Wege. Tennisplatz. Und kein verwilderter Stadtteich (jetzt Schwanenteich), der im Sommer zum Kahnfahren einlud. Und im Winter eine Idylle bot, die von Pieter Breughel d. Ä. stammen könnte. Eiskunstlauf zur Drehorgelmusik. Oder die wilden Knaben übten sich in Eishockey. Vorbei!! – Einige hundert Meter weiter das Strandbad. Wir suchten uns eine Kabine mit „Gucklöchern", um einigen Nixen beim Ausziehen zuzuschauen.
Am Anfang des Mineralmoors eine mit Birkenstämmen eingefaßte Quelle, an der wir nach sportlicher Tätigkeit den Durst löschten. Viele Pflanzen und Gräser wachsen im Moor. Unverändert. Nur die Menschen ändern sich und verändern vieles zum Negativen! In grauen Vorzeiten standen hier Pfahlbauten, wie prähistorische Funde beweisen. Das Moor und die salzhaltigen Quellen haben schon in vorgeschichtlicher Zeit Menschen angezogen. Ausgegra-

ben wurden noch Steinbeile, Pfeilspitzen, Tier- und Menschenknochen. Die Funde weisen auf die jüngere Stein- und Bronzezeit hin. In der Nähe Franzensbads bei Sirmitz (Zírovice) wurde 1929 ein Urnengräberfeld mit Steinsetzung und Reste einer Siedlung aus der mittleren Steinzeit entdeckt. Muß doch damals ein gewaltiger Eindruck gewesen sein, vor einem fast viertausend Jahre alten Friedhof zu stehen. Der Sirmitzteich mit seinen Wiesen- und Waldufern lädt im Sommer zum Baden ein. Dort, wo einst die Mühle stand, hebt sich Uferfels empor. Von ihn kann man ins Wasser hechten. Fortgeschrittene können einen Schraubensalto probieren. Ein schöner Feldweg führt zur „Neuen Welt" und nach Oberlohma. Dort fand man in alten Gräbern (und auf der Egerer Burg) zahlreiche Schläfenringe als Totenbeigabe. Von der Römerzeit zeugen ebenfalls Funde (Kanne, Öllampe, Urne) bei Rommersreuth.
Eingeweihte können von der herrlichen Moorlandschaft aus den Kammerbühl (Komorní hůrka) besteigen, der ja schon geschildert wurde. Unbedarfte müssen sich ca. 2,5 km südwärts wenden und an der Wegkreuzung auf die rechte Abzweigung achten. Vom Kammerbühl aus phantastische Rundsicht. Zu Füßen liegt Franzensbad; weiter nördlich der schon beschriebene Weg nach Oberlohma, Voitersreuth und Schönberg am Fuße des Kapellenbergs. Etwas östlich schimmert aus dem Dunst das Erzgebirge mit dem Keilberg, davor der Leibitschkamm und der Kulmer Berg, daneben der Horner Berg bei Karlsbad. Noch weiter östlich grüßt die dunkelblaue Wand des Kaiserwaldes.
Gegen Süden zu der sagenumwobene Tillenberg mit einem Stück Fichtelgebirge. Südwestlich steht der bewaldete Grünberg; St. Anna wurde abgerissen, der Friedhof aber neu angelegt.
Vom Kammerbühl aus führt ein reizender Wanderweg von 4,5 km Länge am Stausee der Eger (Přehradní nádrž Skalka) nach Eger (Cheb).

Von der Salzquellkolonnade aus führt ein weiterer schöner Weg vorbei am Bad III über den Schladabach zur Nataliequelle. Von dort ist es nicht mehr weit zur romantischen Salingburg (Navyhlídce), die bewirtschaftet ist. Vom Turm kann man einen wunderbaren Rundblick genießen.
Der Mittelpunkt Franzensbads ist zweifellos die Franzensquelle (Františkův pramen) mit dem 1832 erbauten Rundtempel. Den Wert des „Egerer Wassers", das auch Schiller pries, hat der Egerer Stadtphysikus Dr. Bernhard Adler erkannt und ließ den Säuerling fassen. Dies löste den bekannten Weibertumult vom 18. 8. 1791 aus. Dank der Unterstützung von Kaiser Leopold II. und später von Kaiser Franz I. konnte sich der Kurort entwickeln. Zuerst hieß er Kaiser Franzensdorf, 1807 Kaiser Franzensbad, bis er als Franzensbad 1865 (1851 bereits selbständige Gemeinde) zur Stadt erhoben wurde. Um diese Zeit erfolgte der Anschluß an die königlich-sächsische Staatsbahn, ein Jahr später an die Bayerische Staatsbahn. Der Schletter Säuerling (Schladasäuerling) wurde erstmals 1406 urkundlich erwähnt. Er ist die heutige Franzensquelle. Im Jahre 1661 entstand ein Sauerbrunn-Füll- und Packhaus, 1714 ein Gasthof mit 14 Bade- und 12 Wohnstuben. Außer dem ausgedehnten Mineralmoorlager gibt es heute 24 gefaßte größere Quellen, daneben auch noch eine Reihe kleinerer Quellen. Recht bekannt ist die „Polterquelle", Gasquelle, die bereits im Mittelalter von Agricola beschrieben wurde. Ganz berühmt sind die Glaubersalzquellen. Glauber IV ist die stärkste der Welt und sprudelt aus einer Tiefe von 92 m. Die Luisenquelle, „Luisaquelle", trägt den Namen von Napoleons Gattin.
In der Parkanlage neben der Franzensquelle wurden früher fröhliche Feste gefeiert, und im Kurhaus, wiedererbaut von Anton Wiedermann, traf sich die große Welt. Ebenso auf der Kurpromenade, der ehemaligen Kaiserstraße, dann Goethestraße, dann hieß sie wieder anders, und jetzt heißt sie

„Národní třída." Das Café Dörfler war so vornehm, daß man sich kaum vorbeizugehen traute. Jetzt ist es das Hotel Slovan.

Die ehemalige Gothestraße hat ihr Gesicht schon verändert. Außerdem fehlt der Duft der großen weiten Welt. Was nicht mehr ist, kann ja noch werden. Schließlich ist das Luxushotel erster Klasse immer noch das Imperial im Morgenzeilpark unweit des Goethedenkmals.

Wandelhalle, Gasbad und Brunnenversandhaus runden wie eh und je den Kurmittelpunkt Franzensbad ab. Und im Kurhaus Sevilla (Sevastopol) hat Beethoven 1812 nicht nur Briefe geschrieben, sondern auch komponiert.

Im Kurpark (Městské sady) spritzt die Fontäne noch immer das alte Wasser neben dem Parkcafé in die Kurluft, wenngleich das Umfeld Mangelerscheinungen aufweist. Der Kulmer Straße (jetzt Ruská) entlang stoßen wir auf die schön renovierte Katholische Pfarrkirche zur Kreuzerhöhung, 1814–1819 nach Plänen eines unbekannten kaiserlichen Hofbaurates unter Leitung von Andreas Schubert erbaut. Ein klassizistischer, kubischer Bau. Ein paar Schritte weiter, gegenüber vom ehemaligen Hotel Holzer das Stadttheater, ursprünglich 1867–1868 nach Entwürfen von Heinrich von Hügel erbaut, Fresken und Innenausmalung von Karl Brömse. 1928 kam es zu weitreichender Erweiterung nach Plänen von Prof. A. Payr aus Prag. Weitere Kirchenbauten: Russische Kirche (Wiedermann 1889). Evangelische Kirche (Haberzettl 1880). Synagoge (Wiedermann 1887), zerstört durch den Wahnsinn von 1938. Nahe dem Theater finden wir das sehenswerte städtische Museum (Městské muzeum).

Ob im prachtvollen Kaiserbad oder in den anderen, nicht minder schönen Badehäusern: Überall gezielte Behandlung der Kurgäste. Indikationen: Frauenleiden, Erkrankungen des Bewegungsapparates, des Kreislaufes, der Verdauungsorgane, des Nervensystems. Säuerlinge und Moor

Franzensbad (Františkovy Lázně

Franzensquelle

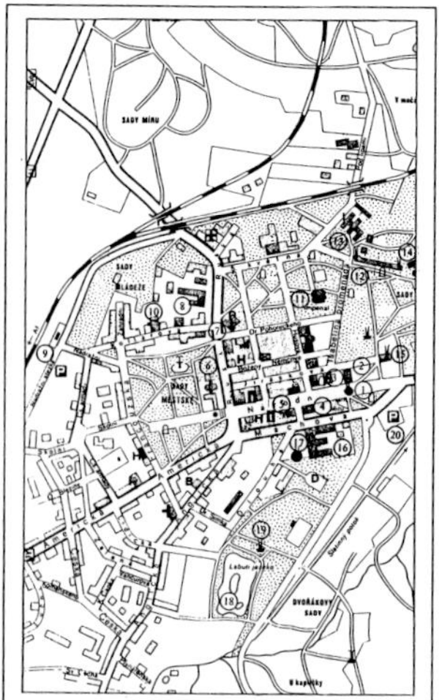

Lageplan (Zentrum)

1. *Franzensquelle*
2. *Kurpoliklinik*
3. *Gasbad und Neue Sommerkolonnade*
4. *Gesellschaftshaus*
5. *Haus „Zu den drei Lilien“*
6. *.Kreuzkirche*
7. *Theater*
8. *Kurhaus Rubeska*
9. *Bahnhof*
10. *Russisch-orthodoxe Kirche*
11. *Kurhaus Imperial*
12. *Winterkolonnade der Salz- und Wiesenquelle*
13. *Bad II*
14. *Bad III*
15. *Halle der Glauberquelle*
16. *Bad I*
17. *Luisenpavillon*
18. *Kleiner Schwanensee (städtisch)*
19. *Erste Glauberquelle*
20. *Haltestelle des Mikrozügleins*

Glauberquellenhalle

Kurplatz mit Kurhaus

Die Orgel in der katholischen Kreuzerhöhungskirche von Franz Müller wurde 1899 durch eine modernere ersetzt.

Luisenquelle

Kurplatz mit Franzensquelle, Brunnenversandhaus und Gasbad

Kammerbühl (Komorní hůrka)

sind wunderbare Heilmittel. Auch das Fruchtbarkeitssymbol am Kurplatz: Ein Knabe mit einem Fisch in der Hand auf einer Kugel sitzend, Franzl genannt, soll manchmal Wunder wirken.
Wenn schon im Kurpark hinter dem Parkcafé noch das alte Wasser in die Höhe spritzt, so stellt sich doch die Frage, ob im Goldfischteich sich noch die alten Fische tummeln. Nicht mehr erhalten ist das 8 m hohe Esperantodenkmal zur Erinnerung an den Weltsprachenerfinder Dr. Zamenhof. Dafür steht jetzt beim Rosengarten die Plastik eines jungen Mädchens vom Bildhauer J. Jílek aus dem Jahre 1962. Kaiser Franz II. mußte schon 1926 auswandern. Dieses Denkmal soll jedoch wieder aufgestellt werden. Es stammt von Ludwig Schwanthaler, gegossen wurde es von Ferdinand von Miller. Im selben Jahr wurde die Kaiserin Elisabeth (1905 von Karl Wilfert d. J. modelliert) aus dem Morgenzeilpark verbannt. Sie schlummert jetzt so still und leise im Garten des Hotels „Kaiserin Elisabeth" in Feldafing am Starnberger See dahin. Bestens gepflegt hingegen die weiße Marmorbüste vom Gründer des Bades Dr. Adler vor dem Mittelpavillon der Salz- und Wiesenquellkolonnade von Karl Wilfert d. Ä. aus dem Jahre 1903.
Im Ostpark (Wiedermannpark, jetzt Friedenspark – Sady míru –) kommt man gleich hinter der Bahnunterführung rechts (Straße nach Oberndorf – Horní Ves –) auf schattigem Waldweg zur „Dankwarte", ein turmbekröntes Schlößchen, erbaut von der Firma Prosch auf einer kleinen Anhöhe. In früherer Zeit blies auf dem Turm der Hornist des Kurorchesters die Saison an. Die „Dankwarte" ist renoviert und beherbergt nun ein Café und eine Weinstube.
Bevor jedoch die „Dankwarte" erreicht wird, sollte man bei der „Waldandacht" in einem kurzen Gedenken verharren. Die „Waldandacht" ist ein sehr schönes Bronzerelief der Muttergottes mit Kind von Adolf Mayerl (1927), eingefügt in einen zerklüfteten Naturfelsen.

Durch den Amerikawald, jetzt Dvořák-Park, führte einst eine breite Sandstraße mit dem klingenden Namen „Goudenhove-Avenue“, die sich nun in einen Asphaltweg verwandelt hat. Als Begleiterscheinung „rauscht“ ein Miniexpreß zum Amerikasee, an dessen Ufer ja das schon genannte Café Amerika mit Egerländer Stilelementen steht. Der „Hauptbahnhof“ befindet sich am Parkplatz (der zweite Parkplatz ist beim Franzensbader Bahnhof), hinauf hält das Züglein an der Gaststätte Jadran beim Schwimmbad. An der Wegstrecke stehen die Schutzhütten „Waldfrieden“ (1906) und zur Erinnerung an die Hofschauspielerin Stella Hohenfels „Stella“ (1913).

Im ehemaligen Stefaniepark steht das aus rohen Birkenstämmen zusammengezimmerte „Hexenhäuschen“. Der Weg führt ja weiter zur Salingburg im Ortsbereich Triesenhof.

Unweit davon das neuerbaute 4 Sterne Kurhotel „Pyramida“.

Anschrift: 351 01 Františkovy Lázně
Tel. 0042/166/943 131-5
Fax 0042/166/943 136.

Franzensbader Umgebung

Beinahe könnte man sagen „Schau westwärts, Engel“, denn in dieser Richtung liegt Seeberg (Ostroh), eine Burg auf steilem Fels in reizvoller Lage mit herrlichem Rundblick über das Egerland. Die 5 km könnten ruhig zu Fuß bewältigt werden. Ein Spaziergang zum Stadtteich, dann durch Unterlohma (Dolní Lomany). Früher standen hier schöne Egerländer Bauernhöfe, und dann durch hügelige Landschaft vorbei am „Feiglhölzl“ zur Burg Seeberg. Im Feiglhölzl war

einst eine „rasante Skiabfahrt“, gar nicht so ungefährlich! Wandern wir aber weiter zur Burg, die natürlich auch mit dem Auto zu erreichen ist. Die gotische Burg mit romanischen Resten war Reichslehen und wurde 1322 an die böhmische Krone verpfändet. Von 1434 an waren Burgherren derer von Schlick, Junckher und andere namhafte Geschlechter. 1703 kam sie in Besitz von Eger. Der Museumsdirektor von Franzensbad Dr. Stříbrný, der sich nicht zu Unrecht in der Nachfolge des ehemaligen Museumsleiters Alois John aus Oberlohma sieht, hat sich in dankenswerter Weise der verfallenen Burg angenommen und dafür gesorgt, daß sie wieder ihr glanzvolles Burghaupt über das Egerland erheben kann. In der Vorburg wurde ein Getreidespeicher und ein Wagenschuppen für eine volkskundliche Ausstellung ausgebaut. Der Arkadenhof stammt aus der Renaissance. Interessant auch der Rittersaal mit Erker, der im Mittelalter eine kleine Schloßkapelle (Altar) enthielt. Von der ehemaligen Seenlandschaft bekam die Burg im 12. Jh. ihren Namen. Zahlreiche Teiche in der Umgebung zeugen heute noch von diesem Seengebiet.
Die Burg Seeberg kann täglich von 10–17 Uhr besichtigt werden.
In der Nähe von Seeberg, nur 3 km entfernt, bietet sich ein weniger schönes Bild in der traurigen Gestalt der Schloßruine Liebenstein (Libá), einst fast ein Märchenschloß in idyllischer Umgebung. Erhalten blieb der walzenförmige Turm mit dem Dach aus der Renaissance. Sonst sind nur noch kümmerliche Reste des spätgotischen Schlosses, in dem auch Renaissancebauten eingefügt wurden, vorhanden. Das Schloß entstand aus der ursprünglichen Burg. In der Friedhofskapelle ist die Familiengruft der Schloßherren von Liebenstein: der Grafen von Zedtwitz.
Unterhalb der Burg steht die Pfarrkirche Hl. Dreifaltigkeit und St. Katharina mit sehenswerten Fresken. Hochaltar, Seitenaltäre und Kanzel sind neugotisch. Noch einige Orts-

namen, die zum Pfarrsprengel gehörten: Eichelberg (Dubino), im Blickfeld von der Burg zu Hohenberg gelegen. Von dort aus schauten die Egerländer sehnsüchtig in die Heimat. Kammerdorf (Lužná). Kropitz (Krapice), Heimatdorf des Gemüsehändlers Moißl, der mit seinem Pritschenwagen, gezogen von einer „Schindermähre“, am Rande Franzensbads, in Ober- und Unterlohma sein Gemüse verkaufte. Riehm (Hůrka). Tobiesenreuth (Dobrošov). Halbgebäu (Podina). Hirschfeld (Polná). Frankenhäuser (Franky).
Oberlohma und die Antonienhöhe haben wir schon besucht. Ein Katzensprung davon Richtung Schönberg/Brambach liegt Voitersreuth (Vojtanov) mit anschaulicher Barockkapelle und feinem Altar. Im Akanthusrahmen ein Relief der hl. Maria aus dem 18. Jh. Etwa 2 km östlich liegt Altenteich (Starý Rbník). Über den Felsvorsprung über dem Schloßteich stehen die Grundmauern einer gotischen Burg, die erstmals 1360 urkundlich erwähnt wird. Unweit davon die barocke Marienkapelle. Wir befinden uns immer noch auf der Landstraße Nr. 213, die nach Wildstein und Fleißen führt.
Wildstein (Skalná). Dank Bürgerinitiative ist eine der ältesten Burgen des Egerlandes erhalten geblieben. Erste urkundliche Nennung im Jahre 1166. Sie ist eine Gründung des Ministerialengeschlechtes Nothaft. Der romanische Palas wurde gotisiert. An der Nordseite Kapelle mit Kreuzgewölbe, im Keller ein Renaissancegewölbe. Das Vorderschloß im Rokokostil stammt aus dem Jahre 1783. Seit 1850 Bezirksgericht mit Gefängniszellen im Südflügel. Verwahrloster Zustand. In die frühere Bürgerschule gingen auch Bauernkinder aus Mühlessen, über dieses Dorf geht unsere Rückreise nach Franzensbad, wobei wir noch einen Abstecher zu dem Wallfahrtsort Maria Kulm machen.
Die ursprünglich gotische Friedhofskirche in Wildstein besitzt einen frühbarocken Hochaltar und eine sehr interessante Pietà. Die Pfarrkirche St. Johannes Baptist ist 1320 im ältesten Pfarreiregister der Diözese Regensburg erwähnt.

Der heutige Barockbau ist ein Werk von Kaspar Ferdinand von Trautenberg; Baumeister waren Braunbock und Sandner. Turmvollendung 1901 durch Krieger aus Schönbach und Stingl aus Wildstein. Zur Innenausstattung gehören ein schöner Tabernakelaltar und Kreuzwegbilder. Im östlichen Umfeld ausgedehnte Kaolin- und Schamottebrüche.
Auf dem Wege nach Fleißen (Plesná) machen wir Halt in Schnecken (Šneky) und schauen uns die Kapelle aus dem Jahre 1763 an, so viel Zeit sollte schon sein.
Fleißen, bedeutende Industriemarktgemeinde, stand einst im Besitze der Familien Nothaft, Schlick und Wirsberg. Beste Markenartikel werden in Seidenspinnereien und Wirkwarenfabriken produziert. Dazu kommen noch Musikinstrumentenbau und Terrazzoerzeugnisse. In Fleißen wurde die erste evangelische Kirche des Egerlandes errichtet; am 16. Dezember 1849 wurde sie eingeweiht. Im selben Jahr schuf der Zwickauer Meister Karl Reichelt die Orgel für die Kirche. Die katholische Pfarrkirche zur unbefleckten Empfängnis Mariens wurde 1893 aus Spendengeldern erbaut. Tonnengewölbe. Holzchor. Säulenhochaltar mit Madonnenbild und Kreuzwegstation.
Nun nehmen wir die westliche Abzweigung Richtung Brenndorf (Spalená) und bewegen uns in nördlicher Richtung auf Schönbach (Luby) zu, die berühmte Geigenbauerstadt, deren Tradition die Egerländer Geigenbauer im fränkischen Bubenreuth fortsetzen. In Schönbach besaßen sie etwa 70 Werkstätten. Die Firma Klier, gegründet 1890, stellte allein 50 000 Geigen jährlich her. Aus der 695 Seelengemeinde Bubenreuth machten die Egerländer einen weltbekannten Geigenbauerort mit 4100 Einwohnern. Die Streich- und Zupfinstrumente sowie die Streichbögen genießen wiederum Weltruf, so daß eine starke Exportorientierung zwangsläufig ist. Amerika, Japan und die EG zählen zu den Kunden. Verbindung zu Schönbach gibt es durch Zulieferer und vor allem durch einen Nachbau des Geigenbauerdenkmals von Hugo Uher aus Karlsbad. Das Geigenbaumuseum in

Bubenreuth erinnert an die ruhmreiche Schönbacher Vergangenheit. Nicht nur alte Meisterinstrumente werden gezeigt, auch alte Werkzeuge wie Schleifsteine, Bogenwickelmaschine, Hobelbank und anderes mehr. Fein säuberlich hinter Glas sind der letzte Eigner des Schönbacher Schlosses von Ehrenthal in Generalsuniform, Festschrift aus Schönbach zu dem 1927 errichteten Geigenbauerdenkmal, ein vom Geigenbauerverband Berlin gestifteter Ehrenkelch und eine Urkunde über den am 18. März 1832 in Schönbach geborenen Hofrath Dr. Wenzl Lustkandl zu sehen, der sich im übrigen für den Ausbau des westböhmischen Eisenbahnnetzes einsetzte. Lustkandl war u. a. Mitglied des Reichsrates, Juristenpräfekt und Professor für österreichisches und allgemein österreichisches Staatsrecht. Präsentiert wird auch ein Plakat zur Sechshundertjahrfeier Schönbachs.

Vom Schönbacher Schloß war schon die Rede. Von dem schönen Renaissancebau aus dem Jahre 1608 blieben nur die Grundmauern übrig. Vor 30 Jahren befand es sich noch im guten Zustand. Die ursprünglich romanische Pfarrkirche St. Andreas wurde barockisiert. Prachtvolle Innenausstattung. In der Nähe der Kirche Mariensäule aus dem Jahre 1699. Am Markt das schon beschriebene Uher-Denkmal. Die bemalte Holzdecke der Frühmeßkirche Sanctae Crucis (1409) kam in das Egerer Stadtarchiv.

In Schönbach selbst kann man noch den barocken Achteckbau der Spitalkirche Maria Zuflucht (1706) bewundern und das Kriegerdenkmal von Franz Gruß. Der 1993 verstorbene Organist und Cembalovirtuose Professor Rudolf Zartner stammt ebenfalls aus Schönbach.

Schönbach gehörte anfänglich dem Kloster Waldsassen. Stadtrecht erhielt Schönbach 1319. Ringsher wunderschöne Landschaft. Der Hausberg ist der „Hohe Stein“ beim Dorfe Kirchberg (Kostlení). Ein zerklüfteter Felsenrücken mit prächtiger Aussicht auf das Vogtland und Egerland.

Auf der Landstraße Nr. 212 können wir über Frauenreuth (Kopanina) nach Maria Kulm (Chlum nad Ohří) fahren. In Frauenreuth sollten wir halten und die Pfarrkirche St. Georg mit reichhaltiger Rokokoausstattung besichtigen. Am Chorbogen sind das Wappen der Stadt Eger und die Wappen der vier Bürgermeister angebracht. Über Katzengrün (Kačerov), dort steht ebenfalls eine ansehenswürdige Kirche, zu dem bekannten Wallfahrtsort Maria Kulm, der weit sichtbar auf einer Anhöhe mit reizvollem Ausblick auf das Egerland liegt. Maria Kulm heißt nun nach letzter Information Chlum svaté Máří. An den Aufenthalt Goethes erinnert eine Gedenktafel am Gasthof des Ortes.
Goethe fühlte sich offensichtlich wohl auf dem Kulmer Berg, der sich vor den Blaubergen des Leibitschkammes behäbig dahinstreckt. Wiederholt rastete er hier bei seinen Fahrten nach Karlsbad. Erstmals am 4. August 1806. Er notierte: „Es sind noch ein Propst und 3 Capitularen daselbst, welche Kreuzherren vom roten Stern sind.“ In den Jahren 1807, 1808 und 1812 verweilte er ebenfalls auf der Kulmer Höhe. Um die Entstehung dieses beliebtesten Wallfahrtsortes im Egerland hat sich ein Sagenkranz gewoben. Am bekanntesten ist wohl der Fleischhauer Fischer, genannt auch Wörl Pepp von Falkenau, der über den Kulmer Berg ging, sich ausruhte und einschlief. Da wurde er geweckt und sah ein Marienbild in einer Haselnußstaude. Er nahm es mit nach Hause. Am nächsten Tag war es jedoch wieder in der Haselnußstaude. Er überdachte es. Eines Tages verirrte sich ein Bindergeselle auf dem Kulmer Berg. In der Nähe des Marienbildes schlief er ein. Im Traume wurde er angehalten, daß er wegen seiner Schuld, die er auf sich geladen, aus seinem Erbe eine Gnadenkapelle mit dem Marienbild erbauen solle. Das tat er dann auch. „Die Kulmer Räuber“ hausten in der Nähe der Gnadenkapelle, raubten und mordeten. Beinahe hätte es auch die Magd vom Katzengrüner Schloß erwischt. Sie erzählte das schaurige Erlebnis ihrem Herrn, dem Ritter von Katzengrün. Der fing mit einer List die Kulmer Räuber

und übergab sie dem Gericht zu Eger. Es waren 25 Mordgesellen, die hingerichtet wurden. Mit den in der Räuberhöhle gefundenen Schätzen baute man die Kulmer Wallfahrtskirche.
Eine Stiftungsurkunde aus dem Jahre 1383 besagt, daß die Kirche zu dieser Zeit schon bestanden hat. Den Hussitensturm des Jahres 1429 überlebte sie nicht. Wiederaufbau von 1482–1492. Der Prager Erzbischof Graf Waldstein (1668--1694) erhob Maria Kulm zur Propstei, deren 1. Prior Anton Franz Helm war.
Die jetzige Anlage wurde in verschiedenen Bauabschnitten im Jahre 1728 fertiggestellt, der prachtvolle Kirchenbau schon im Jahre 1702, Viktor Karell geht vom Jahre 1701 aus. Auch über Pläne und Baumeister gibt es keine einhellige Meinung. Der Ursprungsplan stammt von Christoph Dietzenhofer, der von Marcantonio Canevale weitergeführt worden sein soll. J. B. Mathey soll noch mitgewirkt haben. Dietzenhofers Polier Pränpock schuf die Propstei. Die Gnadenkapelle wurde renoviert, so daß in leuchtenden Farben das meisterliche Deckenfresko von Elias Dollhopf wieder zum Vorschein kam. Baldachinaltar von J. H. Stilp und Goldschmied M. S. Göpfert (1730). Frühe gotische Gnadenmadonna. Reiche Ausstattung.
Die Wallfahrtskirche ist ein Längsbau mit Querschiff, in dem zwei eindrucksvolle Seitenaltäre von J. T. Hermann, Eger, stehen. Im Seitenaltar an der Nordseite eine gotische Madonna, im Seitenaltar an der Südseite eine spätgotische Pietà. Im Tonnengewölbe imposante Fresken von Jakob Steinfels (1699–1700); von seiner Meisterhand stammen auch die Fresken in der Stiftskirche Waldsassen. Hermanns Künstlerpranke gestaltete den Hochaltar und die Kanzel, die förmlich überwuchert wird von den Figuren und Ornamenten der Brüder Stilp, deren genialer Künstlerhand auch die Statuen am Hochaltar zu verdanken sind. Dazu kommt noch eine prächtige Orgel von Martin Zaus aus Eger. Schö-

ner Kreuzgang mit Kapellen. Die Doppeltürme der Kirche ragen weit ins Egerland.
Durch wogende Getreidefelder und saftige Wiesen führte der Weg von Mühlessen (Milhostov) nach Maria Kulm. Der Ortskern des einstigen reichen Bauerndorfs ist weitgehend zerstört. Überdauert hat die wehrhafte Kreuzherrenkirche, die jedoch die Turmuhr opfern mußte. Sie ist gotisch mit romanischen Elementen. Barocke Ausstattung.
Hochwertige Figuran am Hochaltar und reiches Schnitzwerk am Taufbecken. Gegenüber der auf einem Hügel stehenden Kirche St. Nikolaus noch ein schöner Fachwerkbau (Neubauernhof). Mit dem Schutt der Fachwerkhöfe und der Mühle wurde der Mühlbach zugeschüttet. Am Anger steht einsam und verlassen noch das alte Marterl. Eine doppelseitige Madonna mit einem Kind auf der Mondsichel sitzend.
Rückkehr über Trebendorf (Třebeň), Oberndorf (Horní Ves) nach Franzensbad. In Trebendorf nimmt unseren Blick die im Jahre 1494 im Auftrage von Heinz Juncker, der Herr auf Trebendorf war, erbaute Filialkirche von St. Niklas in Eger gefangen. Ausgestattet ist die Kirche St. Laurentius mit einem hochbarocken Hochaltar, Marienseitenaltären, Kanzel mit Rokokoornamenten und qualitätsvollen Figuren. In Franzensbad können wir noch kurz beim Goethedenkmal vorbeischauen, bevor wir im Hotel Imperial gemütlich ein „Schalerl" Kaffee schlürfen.
Oder wir nehmen von Mühlessen gleich den Weg nach Marienbad, der aber zunächst nach Königsberg (Kynšperk) führt. Der einstige, stetig ansteigende Wanderpfad nach Perlsberg am Judenhau (Lesný) wurde zur Straße ausgebaut. Über Bad Königswart (Lázně Kynžvart) gelangen wir nach Marienbad (Mariánské Lázně). Von Königsberg aus sollten wir aber einen Abstecher nach Konradsgrün (Salajna) zur Gahmühle machen.
Königsberg ist alte Tischlerstadt. Die Möbelherstellung wurde groß geschrieben. Und die Königsberger Weihnachts-

Burg Seeberg (Ostroh) aus dem 13. Jahrhundert

Arkadenhof von Burg Seeberg (Ostroh)

Geigenbauerdenkmal in Schönbach (Luby)

Wallfahrtskirche von Maria Kulm (Chlum nad Ohři/Chlum svaté Máří)

Der Stein der Kulmer Madonna trägt die alte lateinische Inschrift: Huius Ecclesiae prima haec est Imago Virginis Mariae = Dies ist das erste Bild der Jungfrau Mariae dieser Kirche

Neubauerhof Mühlessen

Blick auf Königsberg (Kynsperk)

Gahmühle in Konradsgrün (Salajna)

Kreuzherrenkirche in Mühlessen (Milhostov)

krippen genossen ebenfalls einen guten Ruf. Kohlebergbau und Textilfabriken vervollständigen das Bild eines rührigen Industriestädtchens. In der Kreuzherrenkirche eine Orgel von Martin Zaus aus Eger.
Konradgrün ist ein Egerländer Waldhufendorf. Am romantischen Leimbach liegt die Gahmühle, ein Meisterstück Egerländer Volksarchitektur. Reichhaltiges Fachwerk mit frischen Farben. Von keinem geringeren als von Alois John, dem bekannten Volkskundler, unsterblich gemacht. Auf seine Veranlassung wurde die Bausubstanz der Gahmühle bereits 1899 aufgenommen. Besonders im Frühjahr unter den Blättern der Bäume ist hier noch ein altes Stück Egerland zu erleben. Unweit davon ist in Taubrath das Egerländer Bauernmuseum in einem gut erhaltenen Vierseithof mit allerlei Gerätschaften von alten Egerländer Bauernhöfen zu besichtigen. Das Bauernmuseum ist bewirtschaftet.
Im Bad Königswarter Schloß der Fürsten Metternich wurde, wie schon gesagt, Europapolitik gemacht. Fürst Metternich war auch Gründer des Kurortes, der 1448 Marktflecken war. Er liegt, reich an eisenhaltigen Mineralquellen, am Rande des Schlaggenwalder Naturschutzgebietes (Slavkovský les). Königswart ist auch Luftkurort für asthmakranke Kinder. 1500 Schritte nördlich, vielleicht noch ein paar mehr, stößt man auf eine Wachtburgruine in 827 m Höhe. Die Burg wurde 1647 durch die Schweden zerstört. Sie hatten sich etwas östlich von der Burg verschanzt und den Kaiserlichen heftige Kämpfe geliefert. Überreste des schwedischen Schanzenbaues sind noch zu sehen; Schwedenschanzen (Švédské šance).
Die Quellen Marienbads werden aus dem Kaiserwald gespeist. Bereits im Jahre 1528 wurden die Quellen bei Auschowitz (jetzt Usovice) auf Kochsalz untersucht; etwas später fanden weitere Siedeversuche statt, die natürlich nichts brachten, da man statt Kochsalz nur Glaubersalz fand. Ab 1749 allerdings gewann man Glaubersalz aus dem

Kreuzbrunnen, das als Tepler Salz verkauft wurde. Der Tepler Arzt Dr. Johann Josef Nehr erkannte den Wert der munter sprudelnden Quellen und setzte sich für Kuranlagen ein. Die ersten Badestuben entstanden 1791. Im Jahre 1807 baute er selbst das erste Kurhaus mit 14 Zimmern. Ein Jahr danach hieß die Siedlung „Marienbad“. Entscheidende Impulse kamen aber vom Stift Tepl, als 1813 Karl Reitenberger Abt des Stiftes wurde. Parkanlagen, Brunnenfassungen, Kurhäuser entstanden, so daß der Kurort lebhaften Aufschwung nahm. Die Tüchtigkeit des Abtes gefiel einigen Mitbrüdern nicht, so daß er ins Exil geschickt wurde. Er starb 1860 im Stift Wilten bei Insbruck. Goethe nahm lebhaften Anteil am Wirken des wackeren Abtes. Sechs Jahre später wurde Marienbad zur Stadt erhoben, in der es 42 gefaßte Quellen gibt. Abt Reitenberger wurde durch eine Bronzestatue von Kundmann, die in der Nähe des „singenden Brunnens“ steht, geehrt. Der singende Springbrunnen mit sieben verschiedenen Fontänenkombinationen mit wechselnden Farbbeleuchtungen und Musikbegleitung wurde 1986 eingeweiht. Daran schließt das Wahrzeichen Marienbads der Kreuzbrunnen (Křížový pramen), mit prachtvoller, klassizistischer Säulenhalle (Sloupová hala) an. Sie wurde gründlich restauriert und überarbeitet. Deckenfresko vom bekannten tschechischen Maler Josef Vylet‘al. Im Mitteltrakt des Kreuzbrunnens schimmert die Bronzebüste von Dr. Johann Josef Nehr.

Das Goethedenkmal von Willy Ruß (1932) wurde im Krieg entfernt. Gleichwohl spürt man noch seinen Atem am Goetheplatz, der eingerahmt ist von prächtigen Kurbauten und einen sehr gepflegten Eindruck hinterläßt. An der Ecke der Waldstraße (Lesní) steht das ehemalige Haus „Zur goldenen Traube“. Goethes Aufenthalt von 1823. Jetzt ist dort das Stadtmuseum (Městské muzeum) untergebracht.

In ihm eine Ausstellung über den Dichterfürsten, die man sich nicht entgehen lassen sollte. Eine Gedenktafel am

Museum, das nun auch Goethehaus (Goethův dům) genannt wird, erinnert an seinen Aufenthalt. Fast gegenüber der prunkvolle Kurpalast Kavkaz, ehemals Hotel Weimar und noch früher das Klebelsbergische Palais. Grandiose Feste wurden da dereinst gefeiert, die Goethe außerordentlich gefielen; fühlte er sich wohl in der Nähe seines „Töchterchens" Ulrike. Sowohl er (1821/1823) wie auch die Familie Levetzow bewohnten den Prachtbau. Später (1903–1909) schmiedete König Eduard VII. von England die gegen die Mittelmächte gerichtete „Entente". Hotel Weimar hieß das Haus inzwischen.
Etwas unterhalb in den Grünanlagen steht die katholische Pfarrkirche Mariä Himmelfahrt (kostel Nanebevzetí panny Marie). Ein achteckiger neubyzantinischer Bau nach Plänen des Münchener Architekten Guttensohn (1844–1848). 33 Stufen führen zu ihr hinauf und erinnern an die Lebenszeit Christis.
Unterhalb der ehemaligen Moorbäder (Slatinné lázně) stoßen wir auf das größte städtische Bad, das Zentralbad (Ústředni lázně); in unmittelbarer Nähe die Marienquelle (Mariánský pramen). In Richtung des Casinos, dem in italienischer Hochrenaissance erbauten Kurhaussaal – anschließend die im gleichen Stil geschaffene Prachtfassade des Neubades (Nové lázně) mit Königsbad und Marmorsäulenhalle – sprudelt munter der Ambrosiusbrunnen (Ambrožúv pramen), dessen Hintergrund die schon genannte katholische Pfarrkirche bildet, deren Gegenüber der imposante Kuppel- und Säulenbau der Rudolfsquelle (Rudolfův pramen) ist.
In der Nähe des Hotels Excelsior an der Hauptstraße befinden sich der Taxistand und der Busbahnhof einschließlich Sammelstation der Obuslinien. Bergauf die Kurhauszeile mit: Bohemia, Sofia, Chopin-Haus (Dům Chopin) „Zum Weißen Schwan" mit Chopingedenkstätte und Kulturamt der Stadt. Alljährlich im August finden hier Chopinfestspiele

Marienbad (Maríanské Lázně)

Neues Bad

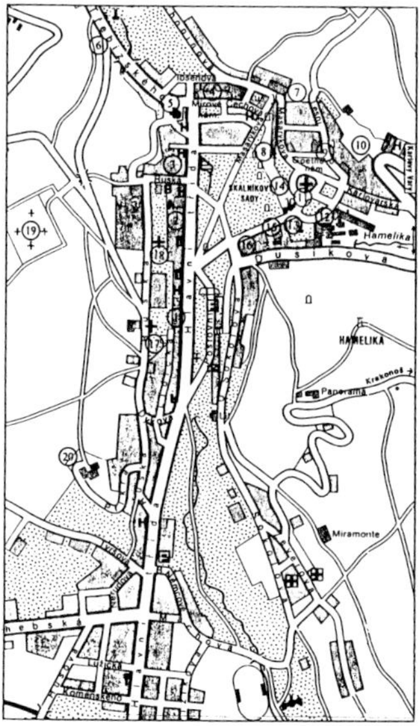

Lageplan (Zentrum)

1. *Hotel Excelsior*
2. *Haus Chopin*
3. *Hotel Palace Praha*
4. *Evangelische Kirche*
5. *Theater*
6. *Waldquelle*
7. *Kreuzbrunnen*
8. *Hauptkolonnade und Musikfontäne*
9. *Museum*
10. *Kurpalast Kavkaz*
11. *Katholische kirche*
12. *Zentralbad und Marienquelle*
13. *Ambrosiusquellen*
14. *Kolonnade der Rudolfsquelle*
15. *Casino*
16. *Neubad*
17. *Russisch-orthodoxe Kirche*
18. *Anglikanische Kirche*
19. *Friedhof*
20. *Haus Monty*

Hotel Weimar

Kreuzbrunnen

„Singender Brunnen“ vor der Kolonnade

Hotel „Egerländer“

statt. Die Hauptstraße (Hlavní třida) hieß in alten Zeiten Kaiserstraße. Das Haus Sanssouci stand im Eigentum des Kanzlers Metternich; es war im Jahr 1835 „Herberge“ des österreichischen Kaisers Ferdinand V.. Gegenüber vom Hotel Cristal liegt die Nachtbar Lil. Dahinter verbirgt sich die Villa Luginsland, in der sich im August 1904 Kaiser Franz Joseph und Eduard VII. trafen. Genützt hat dieses Treffen offensichtlich nichts, denn es wurde 10 Jahre später Nacht in Europa. Eine Nachtbar als Nachfolgeort eines Monarchentreffens ist daher gar nicht so unlogisch.

An den Berghängen steht die russisch-orthodoxe Kirche (Pravoslavný kostel) in der Russischen Straße (Ruská) mit einer beachtlichen dreitürigen Bilderwand (Ikonostas) aus Porzellan und Majolika (1900–1901). Eduard VII. lenkte seine Schritte weiter nördlich in die anglikanische Kirche (Anglikánský kostel); 1878 neuromanisch-gotisch.

Nun machen wir uns auf den Weg zur romantisch gelegenen Waldquelle, hinter der der Hochwald sanft ansteigt. Sehr gepflegte Anlage, die zum Verweilen einlädt. Unweit davon das ehemalige Hotel Waldmühle (Kurhaus Donbas) mit Tennisanlagen und die Einkehr „Diana“.

Noch ein kleiner Spaziergang, und wir kommen zum früheren Restaurant Schloß Waldfrieden (Parkhotel) und zum Waldcafé Maxthal (Lunapark).

In der Hauptstraße sollte man auch das Stadttheater, erstellt 1868 nach Plänen von Friedrich Zichler, umgewandelt in Jugendstil (1905), in Augenschein nehmen.

Der Schillerplatz (Mírové naměstí) ist eine französische Parkanlage von Gustav Svenson, umrahmt von Hotelprachtbauten. Eine Dominante ist zweifellos das Halbmyerhaus (Kurhaus Rozkvět).

Die evangelische Christuskirche, 1857 im neuromanischen Stil durch eine Spende von Friedrich Wilhelm IV. gebaut, ist noch einen Abstecher wert.

Inzwischen ist Goethes Atem am Goetheplatz wieder höchst lebendig geworden. Der Dichterfürst ist in Bronze auferstanden. Die Mittel für dieses imposante Kunstwerk brachten die Stadt, die Patenstadt Bad Homburg und der Heimatverband der Marienbader Egerländer auf. Schönes Beispiel grenzüberschreitender Kulturpflege. Die feierliche Einweihung des Denkmals fand an einem herrlichen Septembertag des Jahres 1993 statt. Auf dem gepflegten Rasen bei der Waldquelle steht der Herr „Geheimrat mit seiner Muse". Ein Geschenk des einstigen sozialistischen Bruders DDR aus dem Jahre 1975 zur dreißigsten Wiederkehr der Befreiung!

Wer Goethe etwas höher plaziert will, steigt zunächst von der Dusikova ulice die Treppen hinauf zum Karlskreuz (Karlův kříž, anstelle des ehemaligen Pestkreuzes errichtet). Wunderbarer Ausblick auf die Stadt. Weiter hinauf zum ehemaligen Cafè Panorama, an der Kreuzung links ab zum Goethesitz, ein 1849 zum hundertsten Geburtstag von Goethe errichteter Sandsteinobelisk. Hier saßen einst Goethe und Ulrike, vermutlich Händchen haltend und schwärmerischen Blickes, und genossen das Prachtbild der unter ihnen liegenden Kurstadt. Links aufwärts auf schattigem Waldweg zum 20 m hohen (100 Treppen) Aussichtsturm (716 Hohenmeter), der 1876 von Friedrich Zickler erbaut wurde. Oberhalb der „Skipisten" ein Panoramaweg zu den Villen Ticho und Horina (hier sollen sich angeblich 1944 Angehörige von Hitlerattentätern versteckt haben). 200 m entfernt Aussichtspavillion (Nová vyhlídka). Anschließend zurück zur Villa Ticho und zum alten Rübezahl (Hotel). Müde Wanderer können dort auf den Bus warten. Man könnte einen Wanderführer über die Spazier- und Wanderwege für Marienbad und Umgebung schreiben. Auskunft geben das Info Centrum Hlavní 47, Tel. 01 65/24 74, Montag bis Freitag 9–18 Uhr oder/und die Kurverwaltung (siehe Bäderdirektionen Westböhmen von A-Z).

Das 1803 gegründete balneologische Institut war seinerzeit einmalig auf der Welt. Darin werden Kur- und Genußmittel

untersucht. Eine reichhaltige Fachbibliothek ist angegliedert. Die Ausläufer des Kaiserwaldes reichen bis in die Parkanlagen Marienbads, feinnervig gestaltet vom Gartenkünstler Skalník, der in Diensten des Grafen Lobkowitz stand. Das Prager Alpinum auf der Kleinseite im gräflichen Garten stammt ebenfalls von ihm. Herrliche Panoramawege führen in reizvolle Umgebung.
Inzwischen wurde auch ein geologischer Wanderweg angelegt, der am besten vom Kreuzbrunnen aus zu erreichen ist. Die Höhenwege führten in der Vergangenheit zu Egerländer Eleganzgastronomie: Egerländer, Rübezahl, Panorama, Sennhof, Jägerhaus ... Gut, daß es noch den Rübezahl gibt (Krakonoš). Panorama und Egerländer laden ebenfalls zur Kaffeepause sein.
Wandersleute können den östlich gelegenen Podhorn (Pohorní vrch), einen Basaltberg von 847 m Höhe mit Aussicht bis zum Erzgebirge erklimmen. Und Golfspieler kommen auch auf ihre Kosten, 2,4 km östlich vom Kurviertel gibt es einen der ältesten und schönsten Golfspielsplätze Böhmens. Für Fußmüde fährt ein Bus Richtung Abaschin (Závišin). Kurz vorher lädt das behagliche Golfhotel zur Rast ein, und bei sommerlichen Temperaturen der kleine Golfsee zum Baden.
Indikationen: Erkrankungen der Verdauungsorgane und Harnwege, der Nerven, Haut, des Bewegungsapparats und der Atmungsorgane. Gegen die Krankheiten wird angegangen mit Trinkkuren, Moor-, Naturkohlensäure-, Sauerstoff- und Radonbädern, Wasser- und Elektrotherapie, Heilgymnastik und Inhalationen.

Wiege europäischer Kultur

Genau genommen beginnt die Geschichte Marienbads mit der Gründung des Stiftes Tepl im Jahre 1193 durch den Gaugrafen Hroznata, der aus der Leitmeritzer Gegend stammen soll. Er wurde vom König von Böhmen mit der Grenzsicherung des Tepler Tales beauftragt. Seine Besitzungen und Länder brachte er in die Stiftung ein. Der frühe Tod seiner Frau und seines einzigen Kindes haben ihn wohl dazu bewegt. Er selbst trat in den Orden der Prämonstratenser 1198 in Rom ein, und kehrte 1202 nach Tepl zurück. Gierige Raubritter nahmen ihn gefangen und sperrten ihn in die Altkinsberger Bug. Dort erlitt er lieber den Hungertod, bevor er durch Zahlung der Lösegeldforderung seinem Kloster Schaden zufügen wollte. Eine wahre Lichtfigur!
Unwahrscheinliche Lichtblicke hatten auch der Stiftsarzt Nehr und der spätere Abt des Klosters Reitenberger, als sie die Voraussetzungen für einen „Weltgesundheitsbrunnen“ schufen. Goethe lockte bereits 1820 die Betriebsamkeit im Marienbader Tal an und meinte dazu: „Er fühle sich in eine amerikanische Einsamkeit versetzt, wo man Wälder rodet, um in drei Jahren eine Stadt zu bauen.“ Es wurde Gott sei Dank keine amerikanische Stadt, sondern die „Perle des Kaiserwaldes“, wie Marienbad von jeher genannt wurde.
Die Kurstadt liegt auf 628 m Seehöhe in einem lieblichen von Waldhügeln umkränzten Tal, zu dem der Südabfall des Erzgebirges hereinlugt und westlich der Böhmerwald und der Quarzgang des „böhmischen Pfahls“. Kein Wunder, daß sich ausgedehnte Spazier- und Wanderwege wie von selbst anbieten. Auch der Sport kommt nicht zu kurz. Tennis und Golf (18 Lochanlage), Wasser- und Wintersport stehen auf dem Programm. Marienbad ist in die Wintersportgeschichte eingegangen. Schon 1894 fand auf Initiative von Ingenieur Peters und Tierarzt May ein erster Jugendwettlauf statt. Schließlich wurde 1905 der Wintersportclub

(WSC) Marienbad ins Leben gerufen. Ein Jahr später wurde das erste Ski- und Rodelrennen des WSC Marienbad durchgeführt, Marienbad wurde Mittelpunkt des Rodel- und Bobsportes. Diese Tradition setzte der aus Karlsbad stammende Horst Floth zusammen mit seinem Garmischer Freund Pepi Bader als Welt- und Europameister (2er Bob 1970/71) fort. Wußten Sie eigentlich, daß nicht nur Gustl Berauer nordischer Skiweltmeister wurde, sondern eine beachtliche Reihe sudetendeutscher Wintersportler vor ihm? Sie dürfen einmal aufgezählt werden, mit dem Hinweis, daß diese internationalen Skiwettkämpfe vom internationalen Verband (FIS) im nachhinein zu Weltmeister-

Stift Tepl Konvetsgebäude

Stiftskirche Tepl (Teplá) von 1197. Innenraum barockisiert mit Dollhopfresken

Kirchenportal mit gotischen Elementen

schaften erklärt wurden, wie auch die Winterspiele von 1924 in Chamonix zu „Olympischen Spielen" erhoben wurden, so daß die erste Winterolympiade in St. Moritz von 1928, bei der Rudolf Burkert die erste deutsche Olympiamedaille, nämlich Bronze beim Springen auf der Großschanze holte, jetzt die 2. olympischen Winterspiele sind.
Weltmeister des Hauptverbandes Deutscher Wintersportvereine in der Tschechoslowakei (HDW), der selbstständiger Verband – wie auch der tschechische Verband „Svaz" (Svaz lýžařů) – der FIS gewesen ist, waren:
Johannisbad 1925: Willi Dick im Springen; 3. Platz für Wende. 50 km Langlauf: Weltmeister Franz Donth; 2. Platz Häckel, 3. Platz Ettrich. Den 18 km Langlauf gewann Německý vom tschechischen Verband „Svaz", 2. Donth, 3. Josef Adolf. Sieger der Nordischen Kombination wurde ebenfalls Německý, 2. Adolf.
Cortina 1927: Sieger im 18 km Langlauf wurde Donth, der auch 3. auf der 50 km Strecke wurde. Im Springen landete Dick auf dem 2. Platz. Bei der Nordischen Kombination hatte Burkert die Nase vorn vor Německý, Franz Wende wurde 3.
Der Wintersport diente – heute mehr denn je! – zur Belebung des Fremdenverkehrs. Nicht umsonst war daher einer der ersten Stunde der Verkehrsamtsdirektor von Karlsbad Heinrich Ott, von dem im Einklang mit dem Landesverband für Fremdenverkehr entscheidende Impulse zur Gründung eines Wintersportverbandes ausgingen. Dieser wurde schließlich am 23. 11. 1919 im „Deutschen Haus" in Prag aus der Taufe gehoben.
Vielleicht stellt dieser Ausflug in die Skigeschichte einen Anreiz dar zu einem Skiausflug in den Kaiserwald, der früher ein Wintermärchen war. Vom schindelgedeckten Gehöft seines Großvaters in Rockendorf, verschwunden wie so vieles in dieser Kulturlandschaft, stapfte der Autor des Reiseführers mit handgefertigten Brett'ln gegen Perlsberg,

um dann durch unberührte Schneelandschaft heimwärts zu ziehen. In Perlsberg war auch der akademische Skiclub untergebracht, der zuweilen Zufluchtsort von „Henleinjüngern“ war. Alte Skitradition setzte auch der Verfasser fort, der zusammen mit Gustl Berauer aus dem Riesengebirge und Roman Tietz aus dem Isergebirge (Buchbergbauden) in der bundesdeutschen Skiverbandsführung war. Als Springertrainer kam noch Ewald Roscher aus Gottesgab dazu.
Zunächst bleiben wir aber im Kaiserwald und wenden uns dem Tepler Hochland zu.

Stift Tepl geistiger Mittelpunkt

Ausdruck dieses Mittelpunktes sind die weithin sichtbaren Doppeltürme der Stiftskirche, die 1232 unter Beisein von König Wenzel I. unter dem 1. Abt Johann eingeweiht wurde. Die romanische, dreischiffige Hallenkirche von 1197 erhielt noch gotische Bauelemente; sie wurde später barockisiert. Die Fresken stammen aus der Meisterhand des Tachauer Elias Dollhopf. Zwei Madonnen um 1500 vom „Meister aus der Steingasse“ hat nun das Egerer Stadtmuseum; es sind die hl. Katharina und die hl. Barbara. Den Kreuzaltar schmückt ein Kreuz des Bildhauers Ignaz Platzer aus Pilsen (1750). Weitere Schnitzereien von ihm im Antependium des Hochaltars, das Chorgestühl mit den vier Kirchenlehrern und am Hochaltar noch wunderbare Bildhauerarbeiten von seiner Hand. Das Hochaltarbild Maria Verkündigung malte Molitor und die Seitenbilder malten Elias Dollhopf und Josef Lauermann. Den Baldachin zieren Südtiroler Holzschnitzereien. Das Kreuz im Boden des Presbyteriums weist darauf hin, daß hier bis 1898 Hroznatas Grabstätte war. Nach seiner Seligsprechung beherbergen seine Gebeine ein Reliquienschrein am Hroznata-Altar im linken

Seitenschiff mit altem Steinsarkophag. Altar aus weißem Marmor vom Münchner Georg Busch. Daneben der Altar des hl. Theoderich. Im rechten Seitenschiff der Ursula-Altar. Die Wirren der Zeit fügten dem Stiftsgebäude schwere Schäden zu. Wiederaufbau im Barockstil unter Leitung von Christoph Dientzenhofer (1689). Bauherr war Abt Raymund II Wilfert (1688–1724). Dieser Konvent steht heute noch.
1483 kamen Prämonstratenser aus Magdeburg in den Konvent, während eigene Ordensleute im Ausland studierten. Reges geistiges Leben herrschte. Abt Johann Curtius korrespondierte mit Luther und Melanchthon, zwangsläufig nicht immer einer Meinung mit ihnen. Ein kurzer Auszug von den Tätigkeiten der Tepler Geistesmonarchen: Dr. Progner (1801–12), Rektor magnificus an der Prager Universität, David, Astronom der Prager Sternwarte, Zauper, Freund Goethes und Übersetzer griechischer Texte, Koppmann, Exegese-Professor an der Wiener Universität. Von 1902–1905 entstand unter Abt Dr. Gilbert Helmer der neubarocke Bibliothekstrakt nach Plänen des Architekten Josef Schaffer aus Marienbad. Die Bauausführung lag bei Baumeister Kraus aus Eger.
Abt Trautmannsdorf (1767–1789) nahm sich den Problemen der Arbeiterschaft an. Auch die Landbevölkerung kam nicht zu kurz. Bergbau, Forst- und Landwirtschaft wurden gefördert.
Ganz besondere Qualität hat die Bibliothek, die in gottloser Zeit ab 1950 stark gelitten hat. Sie war neben Eger das bedeutendste Archiv des Egerlandes mit 80 000 Bänden aus allen Wissensgebieten. Dazu noch 20 000 Bände der alten Bibliothek, 400 handschriftliche Bücher (Codices) und 500 Wiegendrucke (Inkunabeln). Johannes von Saaz (Schüttwa) hat hier gewirkt, vermutlich, was aber nicht bewiesen ist, auch am „Codex Teplensis", Übersetzung des Neuen Testamentes ins Deutsche um 1400, also vor Luther! Ein weiteres Geistesdenkmal ist die „Erste Bayerische

Beichte“ (Poenitentiale), geschrieben zur Zeit Ludwig des Frommen (820). Wichtige Urkunden von 1197, 1273 und 1351, diese ist ein in deutsch verfaßter Lehensbrief, zählen noch zum Archivbestand, der sich wahrlich sehen lassen kann. Der „Codex Teplensis“ ist nur mehr als Kopie hinter Glas zu bewundern; das Original befindet sich in Prag.
Dem Abt Helmer folgte 1944 Abt Petrus Möhler, der die Besetzung des Klosters und die Internierung der Konventsmitglieder im Mai 1945 hinnehmen mußte. 1946 wurden die Prämonstratenser vertrieben. Prior Hermann Josef Tyl übernahm die Leitung, bis auch er 1949 inhaftiert wurde. 1950 brach dann die Götterdämmerung herein. Aber Gott ließ sich nicht vertreiben. 1989 wurde Hermann Josef Tyl zum Abt gewählt, und neues geistiges und geistliches Leben zog in das ehrwürdige Stift ein. Im Frühjahr 1993 erhielt der bisherige Subprior Johann Babtist Franze die Abtwürde. Er ist um wirtschaftliche und geistige Erneuerung und um Aussöhnung mit den Sudetendeutschen bemüht.
Die deutschen Prämonstratenser mußten auf mühselige Herbergsuche gehen. Ihr Weg führte sie sogar nach Indien, bevor sie in Obermedlingen (Diözese Augsburg) heimisch wurden. Zwischenstationen waren Speinshart, von Tepl aus gegründet, Schönau und Villingen. Nach dem Rücktritt von Abt Dr. Rudolf Böhm übernahm Prior Norbert Schlegel die Leitung. Seiner Tatkraft ist es zu verdanken, daß die Prämonstratenser in Obermedlingen eine neue Klosterheimat fanden. Die Klosterkirche erhielt den Rang einer Stiftskirche. Gottes Wege sind oft arg verschlungen. Zum 52. Abt des Stiftes Tepl in Obermedlingen wurde der Subprior Rudolf Vogt gewählt.
Verweilen wir noch ein wenig im Tepler Hochland und statten dem Geburtsort von Abt Karl Reitenberger, Neumarkt (Úterý), einen Besuch ab. Vom Stift Tepl führt die Straße Richtung Hermannsdorf (Heřmanov) und Stensker Forsthaus (Stěnsko) zu dem kleinen Städtchen; es wurde 1233

Bibliothekensaal des Stiftes Tepl.
Zu den 80 000 Bänden aus allen Wissensgebieten kamen noch 20 000 Bände der alten Bibliothek, 400 handschriftliche Bücher (Codice) und 500 Wiegendrucke (Inkunabeln)

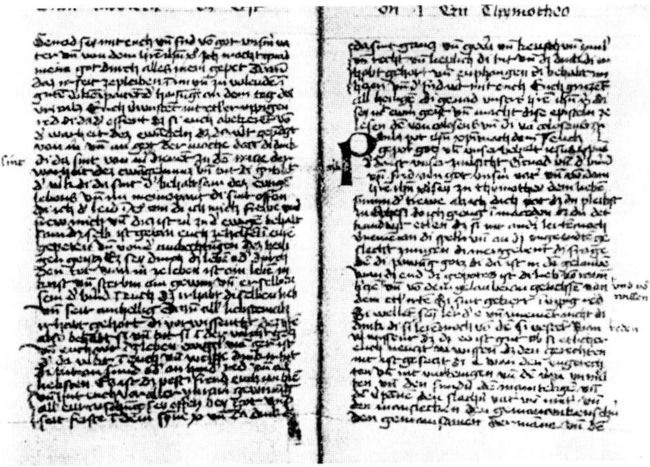

Kostbarster Schatz der Stiftsbibliothek Tepl (Teplá). Original nun im Prager Museum. - Codex Teplensis -

gegründet, beherbergte eine königliche Münze und gehörte zum Stift Tepl. Die Barockkirche Johannes der Täufer, Kuppelbau mit prächtigem Schnitzaltar, wird Christoph Dientzenhofer zugeschrieben. Karl Reitenberger kam hier 1799 zur Welt. Dientzenhofers Sohn Kilian Ignaz schuf die obere Barockkirche. Sehenswerte Fachwerkhäuser am Marktplatz mit Renaissancerathaus und Mariensäule.

In Weseritz (Bezdružice), seit 1459 Stadt. Spätbarockes Schloß mit Arkadenhof. In der Kapelle Barockfresken. In der Pfarrkirche Mariä Himmelfahrt ein Bild des Hl. Johannes von Nepomuk, das dem Barockmaler Peter Johann Brandl (1668–1735) zugeordnet wird. Sein Vater stammt aus der Falkenauer Gegend.

Schwanberg (Krasíkov/Švamberk). Romantische Burgruine, zerstört im dreißigjährigen Krieg durch die Schweden. Tafelberg aus Basalt.

Deckenfresko im Tepler Bibliotheksaal

Stadtkirche in Tepl

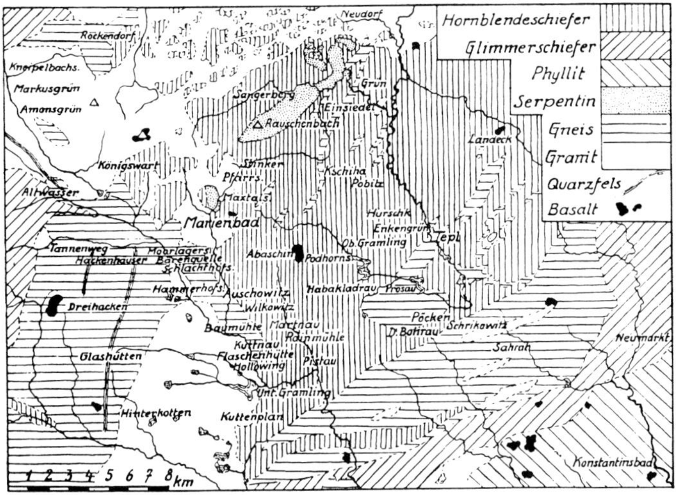

Die Mineralquellen der Marienbad-Tepler Landschaft

Südwestseite des Prämonstratenser Stiftes Tepl

Stift Tepl, Hroznata-Statue

Frühere Wallfahrtskirche, barockisiert. Schöner Blick auf Konstantinsbad (Konstantinov Lázně). Es liegt auf 520 m Seehöhe in idyllischer Park- und Waldgegend. 1806 entstand das erste Badehaus. Damals hieß der Kurort noch „Bad Neudorf", den jetzigen Namen erhielt er durch Konstantin Fürst von Löwenstein-Wertheim. 1934 wurde das Kurbad eigene Gemeinde. Inmitten der Parkanlagen steht das Kurhaus mit Diagnosezentrum und entsprechenden Kureinrichtungen. Mineralquellen, schon im 16. Jh. bekannt, und Moorbäder. Quelle mit hohem Kohlesäuregehalt.

Indikationen: Herzerkrankung. Nachsorge bei Herzinfarkt und Schlaganfall, nach Operationen am Herzen oder Gefäßsystem. Behandlungen von Thrombosen und Gefäßverengungen und Erkrankungen der Gelenke, Wirbelsäule und des Stützapparats. Stoffwechselerkrankungen.

Etwa 8 km westlich von Konstantinsbad steht in Leskau (Lestkov) die 1740 erneuerte Kirche St. Prokop. Und noch ein paar Kilometer westwärts erreichen wir Plan (Planá). Stadt seit 1251 mit zum Teil noch erhaltenen alten Befestigungsanlagen, 122 Jahre später zur Bergstadt erhoben. Münzprägung unter den Grafen Schlick. Am malerischen Stadtplatz Häuser mit Ziergiebeln aus verschiedenen Stilepochen. Rathaus (1680–1685). Stadtmuseum (1. Hälfte des 18. Jh.). Alte Münze mit gotischen, klassizistischen und barocken Stilelementen. Harmonisch fügt sich ein die Stadtpfarrkirche Mariä Himmelfahrt (Kostel Nanabevzetí Panny Marie), spätromanisch, frühgotisch, im 18. Jh. barokkisiert, Turm umgebaut 1904. Reichhaltige Innenausstattung. Kreuzrippengewölbe mit Rokokostuck. Stuckierter Pflanzenschmuck im Chor. Feingestalteter Hochaltar. Dekkenfresko in der anschließenden Kapelle von Schmid. Von der Kirche Peter und Paul (Kostel sv. Petra a Pavla) ist das romanische Südportal erhalten. Nach der Säkularisierung diente die Kirche als Scheune, jetzt sind darin Kulturveranstaltungen. Die Nepomukstatue von 1712 könnte dem Umkreis von Brokoff zugerechnet werden. Qualitätvolle gotische Madonna aus Plan wanderte in die Galerie der Bildenden Künste nach Eger und ein Altarflügel aus 1500 ins Tachauer Museum.
Interessante Schloßanlage, mehrmals abgebrannt und erneuert. Alte Bauelemente. Renaissance-Arkaden. Barock und Empire. Hl. Kreuzkapelle. Im Park frühbarocke Kanzlei. Renaissance-Stall im Hof.
Das in reizvoller Landschaft gelegene Plan ist allein schon eine Egerlandreise wert. Die umliegende Teichlandschaft ist Vogelschutzgebiet. In ungefähr 1500 m Entfernung steht auf einer Anhöhe die Wallfahrtskirche St. Anna mit Fresken von Wenzel Schmid. Reicher Stuck. Wappen von Nostitz. Allmählich nähern wir uns Kuttenplan (Chodová Planá). Zunächst stoßen wir auf das Neue Schloß; Neurenaissance

von 1906. Das alte, zweiflügelige Schloß wurde 1734 neu erbaut für Sigmund von Heimhausen. Unweit davon die Barockkirche Johannes der Täufer (1748–1754) anstelle der abgebrannten Kirche aus dem Mittelalter. Sehr reiche Rokokoausstattung. Am Stadtrand ein jüdischer Friedhof aus dem 15. Jh.
Nur 2 km entfernt der Regensteich (Regent); mit 52 ha ideal für den Wassersport geeignet. Badestrand. Yachtclub. Man sollte allerdings nicht versäumen, dem nur 4 km nordöstlich gelegenen Ort Pistau (Pístov) einen Besuch abzustatten. Nicht nur wegen der schönen Aussicht, sondern auch wegen der barocken Wallfahrtskirche mit prächtigen Fresken und einem Kreuzumgang.
Nach Kuttenplan zurückgekehrt, hier hielten einst die Choden Grenzwacht, bemühen wir uns 4 km östlich zur Bergstadt Michelsberg (Michalovy Hory). Lasurberg mit Stollen. In dieser zweitkleinsten Stadt Böhmens (nach Rabenstein/Rabštejn) steht eine frühbarocke Kirche und ein barockes Rathaus, das früher Bergamt war.
Wenn wir auf dieser Landstraße Nr. 198 bleiben, kommen wir über Prosau (Mrazov) nach Tepl, können dort wieder in den Kaiserwald abzweigen Richtung Sangerberg (Prameny), ehemaliges Bergstädtchen und Kurort mit Säuerling, der nun ungenützt in den Sangerberger Bach fließt. Der weitgehend zerstörte Ort bietet ein trostloses Bild. Aber das Naturschutzgebiet des Kaiserwaldes hat eben Anziehungskraft. Ein Abstecher über Schönfeld (Krásno) zur berühmten Musikstadt Petschau (Bečow nad Teplou) lohnt immer, bevor wir uns über Schlaggenwald und Elbogen dem Weltbad Karlsbad nähern. Am Schönfelder Berg (Krásenský vrch), umflossen vom 42 km langen Floßgraben (Dluhá stoka), Aussichtsturm mit guter Fernsicht.
Petschau ist mittelalterliche Burgstadt im romantischen Tal der Tepl, eingefaßt wie ein Juwel von Wald- und Wiesenhängen. Schattige Wanderwege führen zu herrlichen Aus-

sichtsbergen. Einige seien genannt; früher hießen sie: Goethefelsen, Hergetstein, Hundstein, Huretzberg, Johannisstein, Koppenstein, Petersberg, Petschauer Höhen. Ein Paradies für Wanderfreunde. Einst genoß Petschau einen weltweit guten Ruf als Musikstadt. Unvergessen sind die Konzerte der k. und k. Musikschule.

Die Herzöge von Beautfort haben im 18. Jh. am rechten Steilufer der Tepl ein Schloß erbaut. In der Schloßkapelle der Reliquienschrein des hl. Maurus. Daneben gotische Burganlage. Beachtliche gotische Fresken in der Burgkapelle und im Wohnturm. Schöner Marktplatz mit barockem Rathaus und Mariensäule. In der Pfarrkirche kann man Schnitzarbeiten des Teplers Thomas Pistl bewundern.

Im 16. Jh. hatte sich ein reiches Zunftleben der Zinngießer, Tuchmacher und Gerber entwickelt.

Und die Zunft der Camper hat die Stadtverwaltung nicht vergessen; ein Campingplatz ist vorhanden.

Schlaggenwald (Horní Slavkov) mit der ältesten Porzellanfabrik von 1792 in Böhmen, unter dem Namen „Haas & Czejizek" weltberühmt. Gegründet wurde sie vom Schlaggenwalder Bergmeister Johann Georg Paulus, übernommen dann vom Schlaggenwalder Arzt Johann Georg Lippert, der 1808 den Hüttenmeister Václav Haas als Partner einstellte. In dem 1547 zur königlichen Bergstadt erhobenen Ort, in dem vor allem Zinn geschürft worden ist, kam am 13. 7. 1584 der Historiker und protestantische Theologe Zacharias Theobald zur Welt, der nach der Schlacht am Weißen Berg nach Nürnberg floh und dort am 21. 1. 1627 starb, bevor er seine Professur für Mathematik an der Universität Altdorf antreten konnte. Er schrieb u. a. auch die Geschichte der Hussitenkriege auf.

Der am 13. 1. 1703 in Tachau geborene, größte Barockmaler des Egerlandes, Elias Dollhopf, ließ sich in Schlaggenwald nieder, wurde Ratsherr und Bürgermeister der Stadt, in der er am 12. 12. 1773 verstarb. In der Kirche St. Anna

wunderbare Deckenfresken von ihm, eines seiner letzten großen Meisterwerke. Die Fresken in der Josephskapelle malte er auch. Große, spätgotische Kirche St. Georg auf dem Hügel über der Stadt; leider sehr verwahrlost! Aus gleicher Zeit eine der wenig erhaltenen Richtstätten (Galgen) und Totenleuchte.
Ewig schade, daß die vormals herrlichen Schauseiten der Bürgerhäuser in Gotik und Renaissance so heruntergekommen sind. Das schmerzt den Kunstfreund! Ein Teil ist abgerissen; wurde durch Glasbauten ersetzt. Hl. Florian-Statue steht allerdings noch, ebenso Dollhopf's Wohnhaus mit zweisprachiger Inschrift, die auf den großen Barockmaler hinweist.
Elbogen (Loket), wie schon gesagt, laut Goethe ein landschaftliches Kunstwerk. Auch Theodor Körner besang diesen malerischen, von der Eger beinahe zärtlich umschlungenen Erdflecken, dessen Felsrücken eine dahingestreckte gotische Burg ziert, erbaut vom Markgrafen Diepold II. um 1130 als äußerster Vorposten des Nordgaues, so Prof. Dr. Viktor Karell.
Bergfried, Markgrafenhaus und der alte Burgpalas stammen aus der Gründerzeit. Nach vorübergehender Verpfändung an Puoto von Eulenburg, verpfändete Kaiser Sigismund für ein Darlehen von 11 900 Gulden Herrschaft und Burg am 20. September 1434 seinem Kanzler Graf Kaspar Schlick, der den großen Umbau zum Schloß einleitete. Heute ist es Museum mit Glas-, Porzellan- und Zinnsammlungen. Ein Meteorit von 108 kg soll der „versteinerte Burggraf" sein. Dieses Himmelsgeschoß soll im Burgbrunnen 1775 gefunden worden sein. Ab 1822 diente sie als Gefängnis. Das hätte sich Kaiser Karl IV. nicht träumen lassen, als er 1376 auf Elbogen Hof hielt. Goethe hielt auch Hof, allerdings nicht auf der Burg, sondern im Gasthof „Zum weißen Roß" (U bílého koně), mit der Familie von Levetzow, Stadelmann war auch dabei. Goethe wollte seinen Vierundsieb-

zigsten verheimlichen, was natürlich nur schlecht gelang. Bei seiner Rückkehr nach Karlsbad wurde ihm ein ganz phantastisches Geburtstagsständchen gebracht.
Die Eger überspannt eine Kettenbrücke aus dem Jahre 1836, ebenfalls ein Baudenkmal allererster Güte; sie ist die älteste Kettenbrücke Böhmens.
Am Marktplatz gruppieren sich Baudenkmäler bester Qualität: gotische Fassaden, Renaissancehäuser und Barockbauten. Baumeister des Barockrathauses ist Abraham Leuthner (1682–1686). Die 15 m hohe Dreifaltigkeitssäule ist ein Werk von Oswald Wenda.
Eine Wanderschaft zum wildromantischen Hans-Heiling-Felsen sollte man schon unternehmen. An ihm können auch Kletterer ihre Künste probieren.
In Rabengrün bei Elbogen unternahm um 1789 Franz Haberditzl die ersten Versuche zur Porzellanherstellung.
Schon wittern wir die Karlsbader Kurluft. Im Vorort Meierhöfen (Dvory) steht die berühmte Moser-Glashütte. Interessant auch das Museum der Glasindustrie mit Ausstellungen von Mustern der Glaserzeugnisse.
Ebenso halten sollten wir im Vorort Fischern (Rybáře) und der Staatsfachschule für Keramik einen Besuch abstatten. Gegründet wurde sie 1871 in Znaim, avancierte 1893 zur k. und k. Fachschule für Keramik und wurde 1923/24 vom Porzellan-Industriellen-Verband in Karlsbad-Fischern fortgeführt. Die Schule besaß Weltruf mit so hervorragenden Künstlern als Lehrer wie Schickl, Hegenbarth, Mörtl, Waldemar Fritsch und Walther Klemm. Der in Karlsbad 1883 geborene Professor an der Hochschule für Bildende Kunst in Weimar, eine Zeitlang zusammen mit dem Karlsbader Kunstmaler Carl Thiemann Mitglied der Künstlerkolonie Dachau bei München, holte sich begabte Schüler nach Weimar und gewährte ihnen ein Stipendium. Die Schule ist jetzt ein Technikum mit Fachabitur als Abschluß. Sie wird derzeit von Dipl.-Ing. Kamil Busík geleitet, dessen Vertreter

Neumarkt (Úterý)

Prof. Dr. Karl Hájek ist. Heute werden 500 Studenten von 42 Lehrkräften betreut.
Im Ausstellungsraum eine Fülle von Meisterwerken der Porzellankunst. Ein Goldteller aus Meissen ist zweifellos das Spitzenexponat. Aber das Porzellanesemble „Schwarzer Schwan“ von Prof. Jezek ist auch nicht ohne: es erhielt den 1. Preis der Brüsseler Weltausstellung.
Die nächsten Kunstwerke gilt es dann im Karlsbader Museum (Karlovarské muzeum) zu besichtigen. Das Prunkstück ist die Duppauer Madonna um 1480, beeinflußt von Adam Kraft aus Nürnberg. Weitere beachtliche Kunstwerke: Grabbild der Kinder des Joachimtshaler Münzmeisters Centurio Lengenfelder um 1610, ein Joachimsthaler Gesangbuch von 1550 und der Prophet von Schlackenwerth von Nikolaus Hermann (1680). Interessant, daß Goethes Gesteinssammlung nach Stift Tepl ging. Natur und Geschichte von Karlsbad und Umgebung können trotzdem in ausreichender Weise studiert werden, ebenso Original-

Weseritz (Bezdruzice). Spätbarockes Schloß bei Burgruine

Landschaft bei Weseritz (Hasenteich)

Schwanberg (Švamberk) mit Burgruine

Burgruine Schwanberg

zeichnungen vom alten Goethe. Begründet wurde das Museum von Dr. Karl Ludwig aus Eger, verstorben 1931 in Karlsbad. Grabdenkmal von Hugo Uher. Ludwig befaßte sich u. a. intensiv mit der Geschichte Karlsbads und war exzellenter Goetheforscher. 1936 war Stadtarchivar und Museumsleiter der Historiker Dr. Viktor Karell, der 1979 in Landau a. d. Isar verstarb.
Fast überflüssig zu sagen, daß das Museum inmitten des Kurviertels am Ufer der Tepl an der Neuen Wiese Hs. Nr. 23 (Nová louka) liegt. Gegenüber die Alte Wiese (Stará louka). Wir sind natürlich in einem viel bescheideneren Maß in die berühmte Sprudelstadt Karlsbad (Karlovy Vary) eingezogen, als weiland der kaiserliche Feldherr Wallenstein, der Herzog von Friedland. Er kam nämlich 1630 mit 100 Wagen, 50 sechsspännige Karossen beförderten ihn und seine Gefolgschaft samt Gepäck, 10 sechsspännige Kutschen für

die Dienerschaft und 40 vierspännige Wagen für das Küchenpersonal. Das Kurzentrum war damit voll belegt. Die Kreise Pilsen, Saaz und Leitmeritz lieferten die Verpflegung. Nach 3 Wochen verließ Wallenstein mit Gefolge Karlsbad wieder, nicht ohne die Bürger reichlich zu entlohnen.
Selbst Marxisten fühlten sich hier sehr wohl in Karlsbad, es war Karl Marx höchstpersönlich. Und Johann Sebastian Bach bekam hier den Auftrag zu seinen „Brandenburgischen Konzerten", 1718 und 1720 weilte er im Kurbad im Gefolge des Herzogs Anhalt-Köthen. Was Wunder auch, schließlich fängt die Geschichte des Bades mit Kaiser Karl IV. an, der dem Bad seinen Namen gab.
Vom Stadtmuseum stadteinwärts zum Theaterplatz (Divadelní náměstí), früher Dr.-David-Becher-Platz, ist nur ein kurzes Stück. Der repräsentative Theaterbau von 1886 wurde nach Plänen der Wiener Architekten F. Fellner und H. Helmer erbaut, deren schöpferisches Genie auch das prachtvolle Kaiserbad (Bad I/Lánzně I) schräg gegenüber vom Grandhotel Pupp entstehen ließ. Höchst sehenswert die Innereien dieses französischen Renaissancekunstwerkes: reichverzierter Zandersaal und Kaiserbad. Und natürlich zwei eindrucksvolle Gemälde von Wilhelm Schneider.
Vom Theaterplatz aus (Talstation) führt eine Tunnelseilbahn auf die Imperialhöhe (Výšina Imperial), die vom Hotel Imperial, mit 300 Zimmern immer noch eines der größten Hotels in Europa, dominiert wird. Gegenüber das Felsgestein des Hirschsprungs mit der berühmten Gemse des Berliner Bildhauers August Kiss, die er 1851 im Auftrage des Barons August von Lützow auf steiler Felsnadel aufstellte. Im Juni 1984 wurde die Gemse von Kulturbanausen stark beschädigt, eine Rekonstruktion war nicht mehr möglich. Getreu dem Vorbild schuf der Karlsbader Bildhauer Jan Kotek eine Bronzenachbildung; seit April 1986 thront die Gemse wieder über dem Tepler Tal.

Der Sage nach hat Kaiser Karl IV. die Quellen bei einer Hirschjagd entdeckt; Hirschsprung! Gründer des Bades ist er allemal; Stadtrechtsverleihung 1370. Nach Viktor Karell waren die warmen Quellen bereits den Römern bekannt. Um 1358 ließ sich Karl IV. ein Jagdschloß bauen. Überbleibsel davon der Schloßturm nahe des Sprudels (Vřídlo). Mit geballter Kraft, aber gezähmt, schießt dieser 12 m hoch bei einer Temperatur von ca. 72° empor. Diesem „Geysir", genannt auch „Springer", ein Kronjuwel von Karlsbad, fehlte von Haus aus die richtige Fassung. Einst war sie eine barokke Eisenkonstruktion, die 1939 abgerissen wurde. Jetzt ist sie eine moderne Verpackung, die nicht so recht ins übrige Bild paßt, vor allem nicht zur katholischen Maria-Magdalena-Kirche (Kostel sv. Maří Magdalény), ein Hauptwerk des berühmten Barockbaumeisters Kilian Ignaz Dientzenhofer. Auf einer Terrasse stehend kehrt sie die doppeltürmige Prachtfassade dem Marktplatz zu. Längsovaler Zentralbau mit umlaufenden Emporen. Querovales Presbyterium. Am Hauptaltar Meisterskulpturen des berühmten Barockbildhauers Jakob Eberle aus Maschau bei Podersam (1770–1776). Der Wiener Johann Hermann (1847) malte das Bild der hl. Maria Magdalene. Bernard Hoffmann gestaltete die Kanzel (1751). Balthasar Neumann, wohl einer der größten Söhne des Egerlandes, war von dieser Kirche sehr nachhaltig beeindruckt. Vielleicht war sie ausschlaggebend für sein späteres, weltmeisterliches Kunstschaffen. Die Fassadentürme wurden 1861 erneuert. Kunsthistorisch bedeutsam ist auch die katholische Kirche St. Andreas am Hang des Dreikreuzberges (Utříkřížů). Das Altarbild des Heiligen soll ein Original Leonardes sein. Unweit der Kirche das Thermalschwimmbad und das Kurhaus Thermal mit 900 Betten. Der Dreikreuzberg ist beliebtes Ausflugsziel mit herrlicher Aussicht.
Vor der Sprudelkolonnade mit Blick Richtung Magdalena Kirche das barocke Meisterwerk des Luditzer (Žlutice) Bild-

Romantisches Tal: Hans-Heiling-Felsen

Dallwitz (Dalovice). Körnereiche

Petschau (Bečov nad Teplau)

Elbogen

Egerländer Kachelofen mit Stadtwappen, Trachten und Sprüchen vom akademischen Bildhauer Willi Russ aus Schönfeld. Stand bis 1970 im Burgmuseum von Elbogen, dann abgetragen, Kacheln lagerten jahrelang im Keller, bis sie verschwanden. Schade um dieses Kunstwerk.

hauers Josef Oswald Wenda, die Dreifaltigkeitssäule (Pestsäule) von 1716, als Dank der Karlsbader dafür, daß sie von der Pest verschont blieben. In der Marktbrunnenkolonnade (Tržní kolonáda) der Marktbrunnen (Tržní pramen) und die Karlsquelle (Pramen Karla IV).

Die Mühlbrunnkolonnade (Mlýnská kolonáda) ist ein offener Hallenbau mit 124 korinthischen Granitsäulen, 132 m lang und 13 m breit, längs der Tepl nach Plänen des Prager Professors Josef Zítek (1871–1881).

Die klassische Säulenhalle birgt folgende Heilquellen: Mühlbrunnen (Mlýnský pramen), Libussaquelle (Libušin

pramen), Fürst-Wenzl-Brunnen (Pramen knížete Václava), Rusalka Quelle, (Rusalčin pramen) und Felsenbrunnen (Skalní pramen). Über dem Felsenbrunnen die Cambridge-Säule (1834) und das Denkmal des hl. Bernhard von Clairvaux (1706).
Am Mühlufer (Mlýnské nábřeží) das neugotische Bad III (Lázně III), links die Freiheitsquelle (Pramen Svoboda), weiter vorn dann der Steg zum Kurhaus Thermal. Hinter dem Bad III das Armeekurhaus mit Parkquelle (Sadový pramen). Bevor wir uns bergwärts wenden und genußvoll die Prachtbauten der von Bäumen eingefaßten Parkstraße (Sadová) betrachten, sollten wir noch einen Abstecher zur Hauptpost (Hlavní pošta), ein Friedrich-Setz-Bauwerk von 1903, machen. Gegenüber im Smetana-Park (Smetanovy sady) steht der grandiose Empirestilbau des einstigen Elisabethbades, nun Bad V (Lánzně V), 1906 vollendet. Nun die größte balneotherapeutische Einrichtung der tschechischen Republik. Auf die ganze Kurpracht kann man genüßlich im Wasser des Thermalbades plätschernd hinunterblikken.
Zunächst wandern wir auf der Parkstraße entlang. Wer in Atemnot gerät, kann beim Haus Družba den Aufzug zum Schloßberg (Zámecký vrch) nehmen. An der linken Ecke des Kurhaus Columbus, in dem Antonín Dvořák, sein Denkmal steht im Dvořák-Park (Dvořákovy sady), 1896 das berühmte Cellokonzert h-moll komponierte und es zusammen mit Professor Wihan seinem Berliner Verleger Simrock vorspielte. Der Prunkbau in byzantinischer Form, die russisch-orthodoxe-Kirche, von Spenden der russischen Kurgäste finanziert, ist nicht zu übersehen, erbaut 1893–97 nach Plänen von Gustav Wiedermann.
Vorm Karl-Marx-Denkmal biegen wir links in die Straße Peter der Große (Petra Velikého) zum Schloßberg ein. Natürlich schauen wir uns die 1877 in englischer Backsteinneugotik erbaute anglikanische Kirche St. Lukas (Kostel sv.

Lukáše) an, entworfen vom sächsischen Baurat Dr. Mothes. Entlang des Skalník-Parkes (Skaníkovy sady) nähern wir uns langsam aber sicher wieder dem Schloßturm, der schon geschildert wurde. In ihm ist die Weinstube „Kaiser Karl IV.“ untergebracht.
Ein weiteres historisches Denkmal ist die romanische Kirchenruine von 1246, St. Leonhard. Überbleibsel der mittelalterlichen Ortschaft Thiergarten (Obora); ehemals Heimstatt der ersten Karlsbader. Unweit davon das Café St. Leonhard (Sv. Linhart). Endpunkt einer längeren Wanderung durch die romantische Waldlandschaft ab der Freundschaftshöhe (Výšina přátelství), auf die von der Alten Wiese, vom Mariengäßchen (Mariánská), eine Seilbahn führt. Auf dem Berg (547 m ü. d. M.) steht der 35 m hohe Aussichtsturm Diana von 1913/14. Und das Waldcafé lädt zur Einkehr ein. Aber wir befinden uns, müde geworden von der Wanderschaft, im Café Leonhard. Am besten wir steigen in Aich (Doubí) nicht auf den Aberg, sondern in Bus Nr. 6 und fahren zurück nach Karlsbad.
In Aich entstand 1849 eine Porzellanfabrik. Im Jahre 1803 errichtete Friedrich Höcke in Pirkenhammer (Březová) eine Porzellanfabrik, die unter Christian Fischer zur Blüte kam und unter den Namen „Epiag“ bekannt wurde. In ihr ist eine ständige Ausstellung untergebracht. Die Schützenmühle ist ein Kleinod Egerländer Fachwerkarchitektur. 1936 wurde hinter Pirkenhammer ein Staudamm gebaut, um so den Wasserfluten der Tepl Herr zu werden, die ja früher zu verheerenden Überschwemmungen führten. Auch von Feuersbrünsten blieb Karlsbad nicht verschont, die schrecklichste war 1604, die Karlsbad weitgehend einäscherte.
Zwischen Pirkenhammer und Posthof von 1791 (Poštovní dvůr) liegt ein Freizeitcenter mit Campingplatz und Tennisplätzen. Im Posthof schwang Walzerkönig Josef Labitzky seinen Taktstock. Auch Goethe, der nicht nur Karlsbader Glaswaren, sondern auch das Porzellan bewunderte und

wiederholt die Porzellanfabriken besuchte, war gern gesehener Gast im Posthof und andere Prominente auch. Der Posthof ist ein altes Karlsbader Traditionslokal.
Ein Bummel auf der Alten Wiese, den schon Goethe mit seiner süßen Ulrike gerne genoß, sorgt ein wenig für Erholung, bevor wir uns wieder den Bergeshöhen zuwenden. Vorher noch einen Blick auf das Haus Atlantic (1912 Baumeister A. Bayer) beim Sprudel; gegenüber „Drei Mohren“, von 1806–1820 wohnte Goethe neunmal in diesem Haus. Weitere Goethequartiere „Weißer Hase“ (1785) und „Mozart“ (1786), womit wir uns wieder auf der Karlsbad Flaniermeile „Alte Wiese“ befinden. Das Café „Elefant“ ist 150 Jahre alt. Das Kurhaus „Jessenius“ ist ein Werk des Wiener Architekten Friedrich Loos. „Goldene Krone“ und „Strauß“, 1823 war hier Goethe zu Gast, versanken in Schutt und Asche. Ob der Neubau der rechte Ersatz ist? Haus Nr. 335 „Schöne Königin“ (Krásná královna) baute der Hofschneider von Kaiserin Maria Theresia. Und daneben etablierte sich die erste Karlsbader Druckerei Franiek. Allmählich erreichen wir den Friedensplatz (Mírové nám), den einstigen Goetheplatz, der gekrönt wird vom Grandhotel Pupp, das während der „roten Kulturrevolution“ abgehalftert wurde zum Hotel Moskva. Hoffentlich ist mit dem Namen Pupp ein reales Stück Hoffnung verbunden. Johann Georg Pupp, Zuckerbäcker beim Grafen Rudolf Chotek, kam 1760 nach Karlsbad und wurde Geselle beim Konditor Mitterbacher im Hause „Zur Melone“ auf der Alten Wiese. 1775 heiratet er die einzige Tochter seines Chefs und wurde somit ein vermögender Mann. 1786 kaufte er das Lusthaus „Böhmischer Saal“. Daraus formte er das vormals weltberühmte Grandhotel „Pupp“. Vom Pupp ist es nur ein kurzer Weg in die Dorotheen-Au (Dorotiny nivy). Zur Linken die evangelische Kirche (Julius Zeißig 1894).
Graf Christian Clam-Gallas ließ zu Ehren der Herzogin Dorothea von Kurland 1791 auf einem Fels das Dorothea-

Tempelchen erbauen. Am Ende der Dorotheen-Au eine Galerie mit Ausstellungen. Gleich daneben das Schillerdenkmal von Friedrich Ohmann und Max Hiller (1909). Und dann „schillert" noch eine Goethebüste von Donndorf (1883) durch die Bäume.

Das jüngste Bad Karlsbad ist das Gasbad (1927 Architekt Rudolf Wels). Heute Bad VI (Lázně VI).

Das schloßähnliche Kurhaus Richmond entwickelte sich aus dem Café Schönbrunn und bekam seine jetzige Form in den Jahren 1925–27. Im Richmond-Garten stehen zahlreiche Werke des Wiener Bildhauers Bormann.

Weitere Karlsbader Höhepunkte mit prächtiger Rundsicht: Einer davon die Otto-Höhe (Ottova výsina) 599 Meter, 1852 nach König Otto von Griechenland benannt. Und dann einer daneben mit allerbester Aussicht auf die Karlsbader Landschaft, die ehemalige Stephanie-Warte, die an die österreichische Kronprinzessin Stephanie erinnerte. Jetzt heißt der 636 m hohe Berg „Zum ewigen Leben" (Věčný život). Auf ihm steht der Goethe-Aussichtsturm (Goethova rozhled) mit Restaurant. Fellner und Helmer schufen den Aussichtsturm. Und dann steht noch auf dem Hammerberg der Aussichtsturm Kaisers Karl IV., früher Franz-Josephs-Aussichtsturm, mit etwas bizarren Formen. Malerische Aussichten auch auf der alten Prager Chaussee (1804–06) nach Berghäuseln (Hůrky), zu Fuß oder mit dem Bus Nr. 8. Karlsbad ist mit 60 000 Einwohnern das größte Bad in der tschechischen Republik. Es liegt im Tepltal, kurz von der Einmündung der Tepl in die Eger. Der Nordabschluß des Kaiserwaldes, das Erzgebirge und die Duppauer Berge umrahmen die Kurstadt. 130 km Wanderwege bieten beschaulichen Anreiz, die Natur zu genießen. Von über 60 Thermen werden 12 große genützt. Meiste Bauwerke Wende 18. Jh. Harmonischer Rokoko-Empire-Charakter.

Parallel zum Tepltal verläuft die Thermalhauptspalte, aus der die Warmquellen sprudeln. Daneben gibt es noch einen weiteren Quellenzug. Die Thermalquellen haben nahezu die gleiche chemische Zusammensetzung; Hauptbestandteile sind schwefelsaures Natron, kohlensaures Natron und Chlornatrium. In geringen Mengen enthalten sind Lithium, Ammonium, Strontium, Magnesium, Eisen, Mangan, Brom, Jod, Fluor, Phosphor, Arsen, Bor und Silizium. Die Karlsbader Quellen sind alkalisch-salinisch-muralisch. Durch die Ausschüttung wird jede Menge Kohlensäure frei, ein bißchen Stickstoff und Edelgas kommt noch dazu. Der Leibarzt des Grafen Schlick, Dr. Wenzel Payer, 1488 in Elbogen geboren und dort wohl 1537 verstorben, empfahl die ersten Trinkkuren. In seinem Buch von 1522, erschienen in Leipzig bei Valentin Schumann, „Tractatus de Thermis Caroli Quarti Imperatoris" legte er seine Forschungsergebnisse nieder. Der berühmte Theophrastus Bombastus von Hohenheim (1493–1541), eher bekannt als Paracelsus, hat in seinem Buch von 1535 „Tractatus de Thermis" grundlegende Abhandlungen über die Heilquellen verfaßt. Payer und Paracelsus stehen somit am Anfang der Karlsbader Heilkunst, die dann mit dem Karlsbader Dr. David Becher, der nicht nur ein genialer Chemiker, sondern auch ein großer Arzt war, ungeahnte Höhen erfuhr. Dr. David Bechers (1720–1792) Kurmethode hat auch heute noch Gültigkeit. Er ist im übrigen auch der Gründer der Hauptschule in Karlsbad. 1831 entstand das erste Sprudelhaus, 1855 das Militärbadehaus und 1867 das große Kurhaus mit Mineral-, Moor-, Kohlensäure- und Dampfbädern. 1836 kaufte Karlsbad Moorflächen von Franzensbad und führte die Moorbäder ein. Selbst kalte Säuerlinge hat Karlsbad und seine Umgebung aufzuweisen, von denen Mattonis Gießhübeler Sauerbrunnen (Mattoniho kyselka) am bekanntesten ist.

Karlsbad hat sich zu einem ausgesprochenen Spezialbad für Gallen-, Magen-, Darm- und Stoffwechselkrankheiten entwickelt mit weltweit anerkannten Heilerfolgen. Im Vordergrund steht die Trinkkur. Ergänzungsindikationen sind

Karlsbad (Karlovy Vary)

Blick von der „Gemse“ zum Hotel Imperial

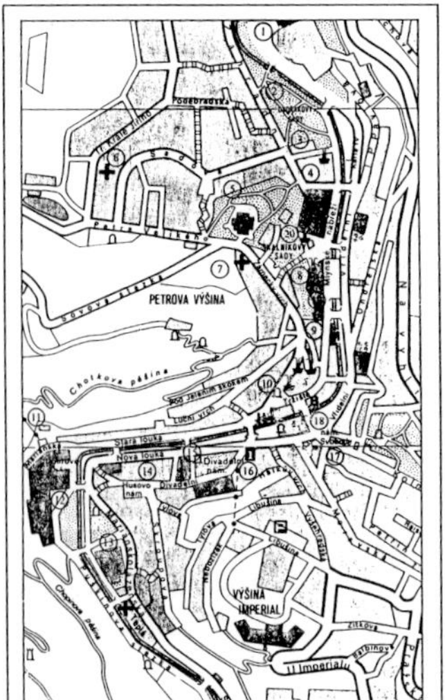

Lageplan (Zentrum)

1. *Kurhaus Thermal*
2. *Dvořák-Park mit Dvořak-Denkmal*
3. *Parkkolonnade*
4. *Armeekuranstalt mit Parkquelle*
5. *Kurhaus Columbus*
6. *Russisch-orthodoxe Kirche St. Peter und Paul*
7. *Anglikanische Kirche St. Lukas*
8. *Skalník-Park*
9. *Schloßturm*
10. *Marktplatz*
11. *Seilbahnstation (zur Freundschaftshöhe)*
12. *Grandhotel Pupp*
13. *Bad I*
14. *Karlsbader Museum*
15. *Theater*
16. *Seilbahnstation (zur Imperialhöhe)*
17. *Katholische Kirche der hl. Maria Magdalena*
18. *Sprudelkolonnade*
19. *Mühlbrunnkolonnade*
20. *Bad III*

Porzellanfachschule Karlsbad-Fischern

Porzellan-Esemble „Schwarzer Schwan“ von Prof. Jezek.

Prof. Dr. Karel Hájek erklärt Arbeitsvorgang

Alte Wiese mit „Elefanten". Eines der Goethequartiere

Mühlbrunnkolonnade

Inhalationen, Kohlensäure- und Moorbäder. Paraffin- und Moorpackungen und Elektrotherapie. Heilgymnastik gehört auch dazu, ebenso modernste diagnostische und therapeutische Einrichtungen.

Als sehr geschätzte 13. „Heilquelle" gilt der feine Karlsbader Becherbitter nach altem Rezept. Auch die Karlsbader Oblaten sind nicht zu verachten, die es allerdings auch in Deutschland gibt. Hohe Qualität haben Karlsbader Glas- und Porzellanwaren.

Neben Tennis- und Wassersport steht Golf hoch im Kurs. Schließlich existiert bei Espenthor (Olšová Vrata) eine wunderschöne 18-Lochanlage; Paar- und Meistergreen 72, für Handicapgreen 70. Die Anlage ist ganzjährig geöffnet, Wintergreen von November bis April. Pferderennen werden ebenfalls ausgetragen. Pferderennbahn: Dostihová dráha, Karlovy Vary-Dvory, Závodní ulice.

Russische Kirche

Stadtpfarrkirche St. Magdalene

Grandhotel „Pupp“

Alte und Neue Wiese „Pupp“ im Hintergrund

Schillerdenkmal von Ohmann und Hiller

Goethebüste von Donndorf

Joachimsthaler Gesangbuch vom Jahre 1550

Stadtpark

Berglandschaft bei Pirkenhammer

Höhe „Zum ewigen Leben“ mit Goetheturm, die frühere „Stephaniewarte“

Parkkolonnade

Dientzenhofer Kirche „St. Magdalena“

Gießhübel (Kyselka)

Nahe Karlsbad liegt das 1820 von Baron von Neuberg erbaute Schloß, das an die Edlen von Mattoni verkauft wurde. Mattoni war geschickter Kaufmann, der das Sprudelwasser weltweit vermarktete. Er ließ auch das Schloß umbauen, Südturm und Erker stammen aus dieser Zeit (1885/86). Am Nordrand des Ortes stand die alte Festung Gießhübel-Sollmus.

Unweit davon bei Rodisfort (Radošov) überdachte Holzbrücke aus dem 18. Jh. Einst ein uralter Handelsweg.

2 km südwärts im Naturschutzgebiet interessante Zwerghöhlen (Trpasličí jeskyně), und 4 km nordwestlich die hochüber der Eger thronenden Schömitzer Felsen (Šemnická skála).

Gießhübel (Kyselka)

Erstes Europagrogramm stammt aus Karlsbad

Den 1894 in Karlsbad geborenen Fleischermeister Carl Weidl-Raymon ließ der Gedanke an ein vereintes Europa nicht mehr los. Er entwarf 1919 in Chicago/USA das erste Europaprogramm, deren grundlegenden Gedanken in den politischen Fundamenten der Europa Union wiederzufinden sind. Auch die Europafahne geht auf seine Vorstellungen zurück. Die Karlsbader Druckerei Franieck hat 1922 diese geniale europäische Programmvorschau veröffentlicht. Da sich Weidl mit seinen Ideen nicht durchsetzen konnte, zog er sich enttäuscht auf die japanische Insel Hokkaido zurück und gründete 1925 in der Stadt Hakodate eine Fleischfabrik. Einige Jahre nach diesem Programm griff der 1894 in Tokio geborene Richard Graf Coudenhove-

Kalegri, der seit seinem 2. Lebensjahr im väterlichen Schloß Ronsperg bei Bischofteinitz aufwuchs, den Europagedanken sehr intensiv auf und gründete die Europa-Bewegung. Das europäische Dreigestirn vollendete der 1908 in Tachau geborene Gelehrte Karl Lanzendörfer. Er publizierte 1940 die „Vereinigten Staaten von Europa" als friedliche Ordnungsmacht, was den Nazis gar nicht gefiel. 1944 wurde er verhaftet; im Januar 1945 verstarb er im KZ Buchenwald.

Karlsbader Glas und Porzellan

Die berühmte Glasfabrik Moser in Meierhöfen haben wir samt der interessanten Ausstellung schon besucht. Der Firmengründer Ludwig Moser (Karlsbad 1833–1916) hat die Glasschneidekunst bei Altmeister Mattoni gelernt. 1857 gründete er die Firma „Ludwig Moser und Söhne". Er beschäftigte nach Zusammenschluß mit der Glasfabrik Meyrs Neffe von 1773 in Adorf bei Winterberg ungefähr 1000 Leute. Er produzierte Kristall-Tafel-Service und Kunstgläser von höchster Vollkommenheit. Handgeschliffenes Kristallglas. Farbgläser in Amethyst, Hyalith, Rubin, Radion und noch in anderen Farben. Geschliffene, geätzte und echt vergoldete Dekore auf Schalen, Pokalen, Vasen, Lampen und noch anderen Produkten zeugten von allerbester Qualität. Moserglas ging um die ganze Welt. In einer Dauerausstellung im Hause „Goldenes Herz" auf der Alten Wiese kann Moserglas auch heute noch bewundert werden. Der letzte deutsche Firmenchef, der während des Zweiten Weltkrieges über Prag, Paris nach New York floh und dort 1974 verstarb, Leo Moser, polierte seine Gläser durch eine neue chemische Farbzusammensetzung nochmals auf. Er wurde genauso entschädigungslos enteignet wie auch andere sudetendeutsche Unternehmer. Sein Wertzeichen je-

doch, „Moser Glas“, wird vom tschechischen Staat weiter verwendet.
Seinen Ursprung hatte die Glasschneidekunst in einer alten Karlsbader Familie: Johann Mathes Teller, dessen Sohn Johannes Andreas (1734) übernahm die hohe Glasschneidekunst und vermittelte sie an seinen Lehrling Andreas Vinzens Peter Mattoni (1779–1864), dessen Familie aus Mailand kam, weiter. Mattoni wurde Lehrmeister vieler Karlsbader Glasschneider. Einer der bedeutendsten war Anton Heinrich Pfeiffer (Altrohlau 1801; gest. 1866 in Karlsbad), dessen Söhne Wilhelm und Josef Franz sich ebenfalls der Glasschneidekunst verschrieben hatten. Die Meisterwerke von A. H. Pfeiffer, signiert mit A. H. P., sind u. a. auch im Technischen Museum Wien zu besichtigen.
Altrohlau (Stará Role) ist Mittelpunkt der Karlsbader Porzellanindustrie. 1814 gründete Benedikt Haßler die erste Steingutfabrik, die er 1820 an Andrea Schwengsbier verpachtete. 1823 ging dann der neue Besitzer August Novotny unter Verwendung von Zettlitzer Kaolin von der Steingut- zur Porzellanerzeugung über. 1884 erwarb Moritz Zdekauer die Fabrik, der auch einen Betrieb in Maierhöfen aufgemacht hatte. Es wurde eine weitere Porzellanfabrik durch die Firma Ing. Fritsch & Weidemann gegründet. Das Bankhaus Schmidt & Co. installierte 1883 die Porzellanfabrik „Viktoria“, die sich zu einer der größten Porzellanfabriken Böhmens mit über 2000 Arbeitern entwickelte. Dazu gesellte sich 1904 ein weiteres Großunternehmen, die Porzellanfabrik „Schneider & Co.”. Die böhmische Porzellanindustrie beschäftigte bis 1945 ungefähr 14 000 Arbeiter in 60 Fabriken, von denen die Hälfte in den Kreisen Karlsbad und Elbogen lagen. 1803 entstand eine Pozellanfabrik durch Johann Ritter von Schönau in Dallwitz, und 1815 durch die Brüder Haidinger in Elbogen.
Die Karlsbader Porzellanindustrie bekam ihren besten Rohstoff aus Zettlitz (Sedlec). Um 1800 begannen die Grundbe-

sitzer Jakob Lorenz und Anton Pfeiffer mit dem Abbau des hochwertigen Kaolins. Dazu kam noch Kohlenbergbau. Eine weitere Spitzenqualität der Stadt, im 12. Jh. bereits landesfürstlich, ist die Wahlfahrtskirche St. Anna selbdritt. Ältestes Kirchenwesen aus dem 9. Jh.. Als im Jahre 973 das Bistum Prag gegründet wurde, war Zettlitz bereits Dekanat. Schon frühzeitig setzte die Verehrung der hl. Anna ein . Die 1,5 m große Statue der Heiligen ist frühgotisch und von bester Qualität. Krichenneubau von 1738, leider kam der Ursprungsplan von Kilian Ignatz Dientzenhofer nicht zur Ausführung. Gebaut wurde die Kirche nach vereinfachtem Plan, dessen Urheber unbekannt ist. Baumeister war Johann Schmid aus Uittwa. Großartige Innenausstattung. Prachtstuck umrahmt den Altarchor. Der Hochaltar im üppigen Barock mit baldachinartigem Giebelaufsatz. Dazu kommt noch das unvergleichliche Bild des Kaiserwaldes mit Filzen, Mooren, urwüchsigem Hochwald, Buchenbeständen, Wildreichtum und romantischen Tälern, was ja nicht oft genug gesagt werden kann.
Zunächst sollten wir uns südöstlich Richtung Buchauer (Bochov) Schloßberg wenden und bei der Ruine Engelhaus (Engelsburg/Andělská hora) anhalten. Sie thront in herrlichster Lage über dem Karlsbader Hochland auf einem Klingsteinblock. Eine Burg der Riesenburger, die sie 1406 an die Hasenburger verkauften. In der Hussitenzeit war sie starke Wehr der Kelcher. 1434 kam sie an Graf Kaspar Schlick. Von 1483–1567 herrschten auf der Burg die mächtigen Heinriche von Plauen. Erst 1622 kam sie wieder an einen Landesfürsten, nämlich an die Grafen Czernin von Chudenitz. Wiederholt brannte die Burg ab. 1889 wurde sie von Graf Hermann Czernin soweit restauriert, daß sie wenigstens im Kern erhalten blieb. Knapp 10 km entfernt die Burgruine Hartenstein (Hartenštejn) auf dem Buchauer Schloßberg, die eine Engelhäuser Schwesterburg ist. Die zentrale Burganlage stammt aus dem späten Mittelalter und

war fast 90 Jahre lang im Besitz der Plauener. 1609 verfiel die Burg, doch haben sich bis heute Teile der Anlage erhalten.

Von Karlsbad aus können wir eine kleine Rundreise über Neurohlau (Nová Role) nach Gottesgab und zurück über Schlackenwerth machen. In Neurohlau steht ebenfalls eine Pozellanfabrik. Die kleine romanisch-gotische Kirche ist längeres Verweilen wert.

Neudek (Nejdek) ist ein Bergbaustädtchen mit langer Tradition an der Rohlau (Rolava). Früher gab es Hammerwerke, später Eisenwerke und Aluminiumgießerei. Altbekannt ist auch die Kammgarnspinnerei. Ein markantes Zeichen der Stadt ist der gotische Burgturm auf einem Felsvorsprung. Nordöstlich ein Kreuzweg zum Kreuzberg (Křížový vrch) mit Ausflugsgaststätte und herrlicher Aussicht. Einige historische Bürgerhäuser stehen noch einschließlich der Kirche St. Martin, die schon 1384 erwähnt wird. Sehenswert die barocke Dreifaltigkeitssäule von 1715. Es sollte soviel Zeit sein, dem Heimatmuseum einen Besuch abzustatten.

Der 977 m hohe Peindlberg (Tisovský vrch) läßt grüßen und mit ihm der Gebirgsort Neuhammer (Nové Hamry), der im Winter zum Skifahren einlädt (Skilifte). Auf dem Berg ein Aussichtsturm.

Die Bergstadt Platten (Horní Blatná) ist eine Gründung des sächsischen Herzogs Johann Friedrich (1532), 1548 königliche Bergstadt. Am Marktplatz noch einige Renaissance- und Barockhäuser. Im Haus Nr. 27 ist das Zinnbergbaumuseum untergebracht (Expozice těžby). Pfarrkirche barockisiert.

Am 1043 m hohen Plattenberg (Blatenský vrch) steht ein Aussichtsturm, am Westabhang beginnt das Naturschutzgebiet Wolfsbinge (Vlčí jámy) mit eingestürzten alten Stollen. Wasser erhielten die Bergwerke vom 12 km langen Plattener Wassergraben (Blatenský přikop), erbaut 1540–54, heute verwildert. Beachtlicher Naturlehrpfad.

Weiter geht die Erzgebirgsreise nach Bärringen (Pernink), ehemaliges Bergstädtchen mit der höchstgelegenen Eisenbahnstation (915 m) in Westböhmen. Ferien- und Wintersportort mit Skiliften und Sprungschanze.
Abertham (Abertamy) mit dem nahen Plessberg, 1028 m hoch (Plešivec) mit Aussichtsturm von 1895. Ehemaliges Bergstädtchen, in dem Zinn und Silber abgebaut wurde. Nach 1950 schickten die „Rothäute" Polithäftlinge in die Uranerzgruben. Das Zwangsarbeiterlager gehört Gott sei Dank der Vergangenheit an. Skilifte am Hochplateau.
Gottesgab (Boží Dar) höchstgelegenes Städtchen Böhmens (1028 m). Sächsische Bergleute schürften schon im Jahre 1517 (erste Silbergruben) nach Erz. Ausgedehntes Hochmoor mit seltener Flora. Durch das Naturschutzgebiet führt ein Lehrpfad. Gutes Wintersportgebiet. Erste Sportclubgründung „SC Austria" 1901. 2 Jahre später wurde der „Obererzgebirger Wintersportverein Gottesgab" aus der Taufe gehoben. Heute laufen 7 Skilifte. Die Skipisten sind für Anfänger und Fortgeschrittene geeignet. Langlaufloipen sind auch angelegt. Gottesgab ist die Heimat des bekannten Volkssängers Anton Günther. Von 1929–31 lebte in diesem schönen Gebirgsort der griechische Schriftsteller Nikos Kazantzakis.
Von Gottesgab kommt man auch ins sächsische Oberwiesenthal, ebenfalls ein sehr bekannter Wintersport- und Kurort in einer Mulde zwischen Keil- und Fichtelberg, mit 920 m ü. d. M. ebenfalls sehr hoch gelegen. Zuhause ist die Spitzenklöppelei und die Sportgeräteherstellung.
Der Fichtelberg, 1214 m hoch, ist der höchste Berg des sächsischen Erzgebirges.
Noch ein sehnsuchtsvoller Blick zum Keilberg, den ja Johannes Mathesius in seine „Predigten für Bergleute – Sarepta –" mit einbezog. Nun sollten wir uns zunächst westwärts, Egerländer machen dies sicher! – wenden, und über Platten, Neuhammer, Frühbuß (Prebuž) der „klingenden

Radisfort (Radošov). Überdachte Holzbrücke über die Eger aus dem 18. Jahrhundert. Einst uralter Handelsweg.

Ruine Engelhaus (Engelsburg/Andělská - hora)

Engelhaus

Buchau (Bochov)
Marktplatz mit Michaelskirche

Michaelskirche

Burgruine Hartenstein
(Hartenstejn) Bei Buchau

Stadt“ Graslitz (Kraslice) einen Besuch abstatten. Diesen Beinamen bekam die Stadt wegen ihrer einstigen weltbekannten Produktion von Blech-, Holzblas-, Zupf-, Streich- und Kinderinstrumenten. Ein bißchen Statistik aus 1937: Ausgeführt wurden damals 13 722 Holsblasinstrumente, 4553 Saxophone, 21 430 Akkordeons und 1,5 Millionen Mundharmonikas. Dazu kam noch ein beträchtlicher Teil für den Inlandsmarkt. St. Joachimsthal und Schlackenwerth laufen ja nicht davon. Dann können wir uns entweder von den Erzgebirgsstrapazen bei einem Schalerl Kaffee auf der Alten Wiese in Karlsbad erholen, oder gleich weiterreisen nach Kaaden (Kadaň) und einen Abstecher ins Saazerland machen.
In Frühbuß (Presbuž) sollten wir anhalten und der dominierenden Barockkirche unsere Aufmerksamkeit widmen. Im Sommer laden die Kranichseen, zum Teil auf sächsischem Gebiet, ganz sächsisch ist der Stausee Weiterswiese, zum Baden ein.
Graslitz (Kraslice) ist natürlich bequemer von Falkenau (Sokolov) auf schöner Straße in nur 18 km Entfernung zu erreichen. Gegründet wurde der ehemalige Egerländer Erzgebirgsort Mitte des 12. Jh. von Waldsassener Mönchen, Kaiser Karl IV. erhob ihn 1370 zur Stadt. Bergstadt wurde Graslitz im 16. Jh. nach Erschließung entsprechender Erzlager. Als der Erzbergbau die immer mehr werdenden Bergleute nicht mehr ernähren konnte, wandte man sich Spitzenklöppeln zu, von Barbara Uttmann (1514–1575) ins Erzgebirge eingeführt, dann begann man mit Stikkereien, bis man schließlich mit dem Musikinstrumentenbau Weltgeltung errang.
Gegenüber der katholischen Kirche und unterhalb der evangelischen stand das Denkmal des Ritters Richard von Dotzauer (1816–1887). Böhmischer Landtagsabgeordneter und Präsident der Prager Handwerkskammer. Wegen seiner guten Taten wurde er auch der „Vater des Erzgebir-

ges" genannt. Neben dem bekannten Maler Franz Gruß ist ein weiterer Graslitzer Prominenter, der Kapellmeister und Komponist Rudolf Dellinger (1857–1910), dessen Operette „Don Cesar" ein Volltreffer war. Zahlreiche Solisten und Mitglieder berühmter Orchester stammen aus dieser „klingenden Stadt". Silberbach (Stříbrná) ist als Ortsteil Tisová eingemeindet. Für Wintersportler ein Begriff. Skilifte erschließen das Gelände und „Skihüpfer" können mal eine der Schanzen ausprobieren. 5 km nördlich liegt verstreut an den Hängen Schwaderbach (Bublava). Ferienort mit Skigelände. In der Nähe ein fast Tausendmeterberg, der Spitzberg (Špičák); 991 m hoch.
Die Wasser der Zwodau plätschern immer noch recht munter von Sachsen kommend durch die schöne Erzgebirgslandschaft gegen Süden. Und in Sachsen liegt auch Klingenthal; Grenzübergang. Irgendwann werden Motorfahrzeuge auch wieder die Grenze passieren können. Es ist eben alles noch ein wenig in Fluß!
Klingenthal liegt im Zwotatal. Bekannter Wintersportort. Heimisch ist ebenfalls der Instrumentenbau.
Endlich in St. Joachimstahl (Jáchymov), der Stadt der Silbertaler. Aus der romantischen Waldeinöde Konradsgrün wurde innerhalb von vier Jahren dank reicher Silbervorkommen eine Bergmannssiedlung mit 5000 Einwohnern (Anfang Januar 1520), die zur freien königlichen Bergstadt erhoben wurde und den Namen Sankt Joachimsthal erhielt. Stefan Schlick, Kaufmannssohn aus Eger, erhielt das Recht zur Errichtung einer Münzpräge. Bald war der St. Joachimsthaler Silbergroschen begehrte Münze. Daraus entwickelte sich nach den Namen der Einwohner, die sich „Taler" nannten, der Reichstaler, der niederländische Daalder, der dänische Daler, der venezianische Tallero, bis schließlich daraus der amerikanische Dollar wurde. Egerländer waren an sich schon immer sehr tüchtige Geschäftsleute, wie dieses Beispiel zeigt. Noch ein Beispiel? Alfred Bäuml aus Theu-

sing bei Tepl ging als Neubegründer der Nymphenburger Porzellanmanufaktur in München in die Geschichte ein. Er verstarb 1929 in München. Seine Söhne setzten das Werk fort. Aber, es soll ja kein Reiseführer über München werden. Zurück zu den Silbertalern, die nicht ewig währten, da der Silberschatz nachließ. Die Pest hielt reiche Ernte. Um 1613 hatte die Stadt nurmehr ca. 600 Einwohner. Weder Spitzenklöppelei, noch Zinngießerei und die Kobaltförderung zur Herstellung von Farben, konnte den alten Reichtum wieder bringen. Erst die radioaktiven Quellen brachten den erhofften Aufschwung; 1906 entstanden die ersten radioaktiven Bäder der Welt, 1910–12 Bau des Radiumpalastes (Radiumpalác). 1898 entdeckte das Ehepaar Curie Radium und Polonium im Uranpecherz. 1903 erhielt das Ehepaar zusammen mit Becquerel den Nobelpreis für Physik, 1911 erhielt sie allein den Nobelpreis für Chemie. Die Entdekkung des Urans brachte auch Unheil, vor allem für jene Polithäftlinge der 50er Jahre, die ohne Schutz vor der Strahlung in Robotfron spaltbares Material für die Kernwaffenmacht Sowjetunion schürfen mußten. Diese Zeiten sind Gott sei Dank vorbei.
Der Arzt Georg Bauer, Agricola genannt, verfaßte das erste Lehrbuch für den Bergbau; 1527 wurde er zum Stadtarzt ernannt. Weitere Persönlichkeiten von Joachimsthal: Mathesius, Corvinus, Praetorius und Haßler. Selbstredend entdecken wir wieder Goethes Spuren: 1785 schrieb er hier an „Wilhelm Meisters Lehrjahre“.
Berühmt waren auch die Goldschmiedearbeiten aus Joachimsthal. Die Goldschmiede verarbeiteten Handsteine zu erlesenen Stücken, die zu Sammelobjekten des Kaiserhofes wurden. Einige davon besitzt das kunsthistorische Museum in Wien.
Spätgotische und im sächsischen Renaissancestil erbaute Bürgerhäuser säumen den Markt, im oberen Teil die St. Joachimskirche (Kostel sv. Jáchyma), spätgotisch. 1873

ausgebrannt. Renoviert nach Plänen des Prager Baumeisters Mocker. Barocke Trinitätssäule (Figurengruppe: Maria, Josef, Anna und Joachim). Renaissancerathaus, ehemaliges Haus des H. Schlick, mit achteckigem Turm und Mauerzinnen. Gleich dahinter die ehemalige königliche Münzstätte (Královská mincovna) mit Bergbau- und Radiumbadmuseum. Renovierung wegen eingestürzter Holzdecke.
Am Westhang der Förderturm der ältesten Urangrube der Welt.
Und noch ein Stück höher die Schloßruine Freudenstein (Šlikovka) mit zwei erhaltenen Türmen (1517 Schlick). Darin finden Ausstellungen statt. In der Nähe Skipisten und Lifte.
An der Hauptstraße die Allerheiligenkirche (Kostel Všech Svatých) mit wertvoller Innenausstattung in Renaissance und Friedhof. Bergab geht es dann ins Kurviertel mit den imposantesten Häusern Radiumpalast (Radiumpalác) und Badehaus Dr. Běhounek (Lázeňský ústav dr. Běhounka). Sehenswert noch die evangelische Kirche am Ende der Münzgasse mit interessanten Plastiken, darunter Martin Luther und Johannes Mathesius. Und die Barbarakapelle oberhalb des Kulturheimes am Hang (1770 vom Markscheider J. Lohn erbaut).
Insgesamt stehen 1141 Betten zur Verfügung.
Indikationen: Erkrankungen des Bewegungsapparats, Beschwerden des peripheren Nervensystems, metabolische Erkrankungen, Gefäßkrankheiten und Altersbeschwerden.
Heilmittel: Radonbäder. Heilgymnastik. Massagen. Wirbelbäder. Wechselspritzgüsse. Elektrotherapie. Brachyradium- und Röntgentherapie.

Bärringen (Pernink)

Abertham (Abertamy)

Graslitz (historische Aufnahme). Der Graslitzer Heimatverband hat erhebliche Mittel aufgewendet, um die Heimatkirchen in Heinrichsgrün, Rothau, Frankenhammer, Schwaderbach und auch die katholische Kirche in Graslitz zu renovieren. So sieht also die „Rache“ der aus ihrer Heimat vertriebenen Egerländer aus!

Gottesgab (Boží Dar) mit 1028 m Höhe höchstgelegener Ort in Böhmen

Unruh (Neklid). Skigelände mit Liften. Vom Südhang Blick über Joachimsthal nach Karlsbad.

Gottesgab (BožíDar)

St. Joachimsthal (Jáchymov)

Hauptstraße

Rathaus in Reinaissance (ehem. Haus Schlick)

Georg Agricola: aus seinen „Zwölf Büchern über Bergbau"

Radiumspalast

Schlackenwerth (Ostrov)

Innenstadt wohl verhunzt. Einige Bürgerhäuser in Barock, Renaissance und Empirestil stehen noch. Kunsthistorisches Denkmal ist auf alle Fälle die romanische Friedhofskirche des hl. Jakob (1226). Rechts davon das Piaristenkloster mit Kirche „Maria Treu“, barocker Langbau ohne Apsis. Erkennbar die Treppenanlage zum herzoglichen Mausoleum und zur Kapelle Maria Einsiedel; zerstörte Frontfassade, kein schönes Ruinenantlitz! Marktbrunnen mit Mariensäule. Spätgotische, barockisierte Pfarrkirche.

Schlackenwerth wurde 1272 zur königlichen Stadt erhoben. Sie ist eine Symbiose von Böhmen, Sachsen und Baden. Im 10. Jh. sollen hier die Borsonen gehaust haben, die im 13. Jh. von den Riesenburgern abgelöst wurden. Dann kamen die Herren von Plauen, Burggrafen von Meißen an die Reihe, bis schließlich, wie könnte es anders sein, Kanzler Graf Kaspar Schlick Herr über Schlackenwerth wurde (1434). Da dürfen natürlich die Czernin von Chuditz nicht fehlen.

1625 begann eine glorreiche Barockzeit: Herzog Julius von Sachsen-Lauenburg kaufte Schlackenwerth. Er ließ ein prachtvolles Frühbarockschloß bauen und einen französischen Garten nach Versailler Vorbild anlegen, dem 50 Häuser zum Opfer fielen. Der Jesuit und Geschichtsschreiber Balbin schwärmte vom „achten Weltwunder“. Abraham Leuthner schuf 1673 das Lusthaus und im übrigen auch das Rathaus, 1866 abgebrannt und wieder aufgebaut (neugotisch).

1690 heiratete die 15jährige Sybille Augusta von Sachsen-Lauenburg in Schloß Raudnitz an der Elbe den Markgrafen Wilhelm von Baden. Während er als kaiserlicher Feldherr die Türken abwehrte, drangen französische Truppen in Baden ein und zerstörten seine Residenz, die er kurzer Hand nach Schlackenwerth legte. Er erweiterte das Schloß um einen Seitenflügel, das Weiße Schloß (1691). Als er 6

Jahre später nach Rastatt zurückkehrte, nahm er Untertanen aus Schlackenwerth mit, so auch den Baumeister Ludwig Michael Rohrer, der das Lustschloß Favorite und die Schloßkirche von Rastatt baute. Schlackenwerth fällt wieder dem Kaiser zu, gerät in Besitz von Erzherzog Ferdinand III., Großherzog von Toskana. Nach der Flucht aus Italien (1859) wird der Großherzog Leopold von Toscana zum Bürgermeister von Schlackenwerth gewählt.

Doch eine faszinierende Geschichte, die durch ein sehr trauriges Kapitel ergänzt werden muß: Nach dem Zweiten Weltkrieg wurde an der deutschen Bevölkerung ein Pogrom verübt; es gab Übergriffe der tschechischen Volksmiliz brutalster Art. Sie gingen 1949 als „Hölle von Schlackenwerth" in die Geschichte ein, so die Illustrierte „Stern", die man wirklich nicht in die rechte Ecke stellen kann.

Der große Brand von 1795 hat den Ostflügel des Weißen Schlosses verschont. Das Lauenburger Schloß (Lauenburský zamek) dient heute als Schule, im barocken Lustschloß (Letohrádek) ist eine Kunstgalerie untergebracht (Galerie umění).

Ein Besuch Schlackenwerth's lohnt sich. Und man spürt schon noch den Atem der Geschichte, die ihre Spuren in den Resten der Baudenkmäler hinterließ. Auch Goethe war 1823 hier.

Von Schlackenwerth sollte man noch einen „kleinen Seitensprung" westwärts, vielleicht 5 km entfernt, nach Lichtenstadt (Hroznětín) machen und einen der ältesten jüdischen Friedhöfe in Böhmen besuchen (15. Jh.). Im nahen Großen Teich (Velký rybník) können sich von der Reise erhitzte Zeitgenossen im Sommer abkühlen; gute Bademöglichkeiten!

Und nun fahren wir auf der schön ausgebauten Straße Nr. 13 Richtung Kaaden (Kadaň). Kurz vor Klösterle a. d. E. (Klášterec n. O.) halten wir an und besuchen die Schönburgruine Pürstein (Perstejn), und die Kirche St. Wendelin (1795).

Der Schlackenwerther Heimatverband betreibt ebenfalls vorbildliche Pflege heimatlichen Kulturgutes. Dieser Bildauszug zeugt davon.

Barockes Lustschloß von Abraham Leuthner (1673). In ihm dirigierte Hofkapellmeister J. C. F. Fischer (1665/66? – 1746) seine Werke. Geboren in Schönfeld/Egerland; gestorben in Rastatt. Als Erfinder der Fuge wird er auch der „Badische Bach" genannt.

So sieht das „Weiße Schloß" jetzt aus. Schlackenwerth (Ostrov)

Klösterle a. d. Eger (Klášterec nad Ohří) ging aus einer um 1150 gegründeten Probstei hervor und wurde um 1500 zur Stadt, die in der zweiten Hälfte des 15. Jh. samt Burg Egerberg und Schönburg an die aus Sachsen geflüchteten Ritter von Vitzthum kam.
Christoph von Vitzthum war Gegner der Habsburger, so daß seine Güter nach der Schlacht am Weißen Berge eingezogen wurden. 1623 erwarb Freiherr von Thun, seit 1629 im Grafenstand, die Herrschaft Klösterle. Den wirtschaftlichen Aufschwung leitete Graf Joseph Thun von Hohenstein 1793 mit der Gründung einer Porzellanfabrik ein, die große Bedeutung erlangte. Seit 1883 wird auch der Sauerbrunn versandt, der sehr reich an Lithion und Natron ist. Hilft bei Katarrhen aller Art, regt die Lungentätigkeit an und bekämpft Gicht und Rheuma.
Schönes Renaissanceschloß der Familie Thun. Barockumbau durch Rossi di Lucca. Im 19. Jh. erneuter Umbau in Tudor-Gotik. Im Schloß ist eine sehr reichhaltige Porzellanausstellung von bester Qualität im Museum untergebracht. Im großzügig angelegten englischen Schloßpark prächtige Barockplastiken von Johann Brockoff.
Ebenso sehenswert ist die Barockkirche von 1760 Maria Trost mit sehr guter Ausstattung. Das Gnadenbild der wundertätigen Mutter Gottes thront über dem Hochaltar. Die neue Pfarrkirche unter Bauleitung von Rossi di Lucca wurde 1670 eingeweiht, nach dem großen Brand von 1784 wurde sie wieder hergestellt.
Klösterle liegt umrahmt von malerischen Berggruppen, die teilweise mit Burgruinen gekrönt sind. Schönes Wander- und Ausflugsgebiet. Moderne Hochhäuser stören allerdings die Ortsidylle.
Kaaden (Kadaň) liegt zwischen Duppauer- und Erzgebirge am linken Egerufer des Heiligenberges (Svatý kopec), 1261 erstmals als Stadt erwähnt. Ottokar II. hat sie mit Prager Stadtrecht ausgezeichnet. Schnell wurde sie bedeutende

Zeichnung K. Dorschmer aus „Geschichte der Stadt Klösterle“ von V. Karell

Handelsstadt in Nordwestböhmen. Tuch- und Handschuhmacher faßten Fuß. Kaolin wird industriell verarbeitet. Schamottefabrik. Und dazu kommt noch Braunkohlenförderung von jährlich fast 22 Millionen Tonnen im Tagebau. Kaaden hat sich auch zur Schulstadt entwickelt. 1978 erhielt die Stadt ein modernes Krankenhaus mit Poliklinik.
Geschichtsträchtige, auf Felsen gebaute Burg oberhalb der Eger.
Als Herzog Friedrich 1186 seine Tochter zu Auscha an den Markgrafen Otto von Meißen vermählte, schenkte er die Burg dem Johanniterorden. Erster bekannter Burggraf war Albert von Seeberg. Weder die Hussiten, noch die Schweden verschonten Stadt und Burg, die 1422 Kaiser Sigismund seinem treuen Gefolgsmann Erkinger von Seinsheim, ein Vorfahre der Fürsten Schwarzenberg, vermachte, der sie an Heinrich von Plauen verkaufte, bis sie schließlich Nikolaus von Lobkowitz erhielt. Damit sind aber noch lange nicht alle Kaadener Herren aufgezeigt. Frühere Schriften behaupten, daß bei Kaaden auch die Burg des sagenhaften fränkischen Kaufmanns Samo, erfolgreicher König der Slawen, gestanden haben soll. Nach dieser Burg sucht man wohl vergebens.
Stolz kann die Stadt auf den schönsten Wartturm (Wachturm) von Böhmen sein, der über 500 Jahre alt ist. Der von Steinmetz Hundt gebaute 53,7 m hohe gemauerte Turm mit Helmdach beherrscht den Marktplatz, der von schönen mittelalterlichen Laubenhäusern gesäumt ist, und auf dem die figurenreiche Pestsäule (Mariensäule) aus dem 18. Jh. steht. Das mit dem Turm verbundene gotische Rathaus fiel zum Teil einem Brand im Jahre 1811 zum Opfer; zwei Jahre später war es, barock allerdings, wieder renoviert. Die gotische Stadtpfarrkirche barockisierte Johann Christoph Kosch, der auch die Elisabethkirche schuf.
Die spätgotische, dreischiffige Klosterkirche „Vierzehn Nothelfer“ enthält einen Sarkophag aus Marmor des Johann

Kaaden (Kadaň). Blick von der Egerbrücke zur Pfarrkirche

Marktplatz mit Rathaus nebst Wartturm und Pestsäule

von Lobkowitz, gestorben nach 1517. Nicht gesichert, aber möglich ist, daß die Basilika nach Plänen des Egerer Baumeisters Johann Baptist Bauer errichtet wurde. Harmonisch fügt sich die Kirche in das Franziskanerkloster (1470/71) ein, das oberhalb der aufgestauten Eger majestätisch inmitten grüner Hügellandschaft thront.
1535 wurde in Kaaden zwischen Kaiser Karl V. und Herzog Ulrich von Württemberg der Kaadener Frieden geschlossen.
In Kaaden gibt es im Park ein Freibad mit zwei beheizten Schwimmbecken und eine Minigolfanlage. Offen vom 1. Mai bis 30. September täglich von 9.00 bis 19.00 Uhr. In Brunnersdorf (Prunéřov) steht ein Schwimmbad mit Campingplatz, auf dem 15 Vierbett-Bungalows stehen, zur Verfügung. Der Platz, sowohl für Zelt wie Wohnwagen geeignet, ist in Betrieb von Juni bis August. In Burgstadl (Hradec) gibt es einen schön gelegenen Badeteich mit Zeltplatz und Unterkunftsmöglichkeiten in Bungalows. Geöffnet von Juni bis August. Die Freunde des Angelsports kommen ebenfalls auf ihre Kosten.
Im 219 ha großen Naturschutzgebiet Burgberg (Úhošt‘) mit interessantem Lehrpfad kann man sich sehr wohl fühlen. Gute Aussicht auf Erzgebirge und Duppauer Berge.
Und den Egerstausee (Nechranice) sollte man nicht auslassen. Auf einer Wasserfläche von 134 km^2 ist gut Wassersport zu treiben. Zeltplätze sind in der Nähe. Und die Angler können ihrem Hobby nachgehen.
Lobenswert, daß die Stadt das Denkmal Kaiser Josef II. restaurierte und am alten Platz wieder aufstellte. Ebenso wurde das Ehrengrab der Märzopfer (4. März 1919) hergerichtet.
10 km nördlich steht die Burgruine Hassenstein (Hasištejn), die wir uns schon noch anschauen sollten. War sie doch eine der größten Burgen Böhmens. Erster Burgherr war (1348) Friedrich von Schönburg. 1412 wurde Heinrich von

Burg

Franziskanerkloster

Plauen Burgbesitzer. Schließlich eroberte der oberste Landschreiber Nikolaus Chudy von Lobkowitz die Burg, die er 1418 als Pfand von König Wenzl erhielt. So wurde Hassenstein zum Stammschloß derer von Lobkowitz. Der berühmteste Lobkowitz war Bohuslav (1460–1510). Bedeutendster Dichter, Gelehrter und Humanist, der leider kein Denkmal hat. Ihm zu Ehren besuchte Goethe 1810 Hassenstein. Auch seine Gedenkbüste ist ruinös. Bohuslav wurde in der Familiengruft in Preßnitz (Přísečnice) bestattet. Die Kirchengruft und das Schloß des Grafen Buquoy sowie die Münzstätte von 1342 gingen in den Fluten des Preßnitzer Stausees unter.
Von der Burg ist noch der 15 m hohe Turm und der 25 m hohe Berchfrit zu sehen. Sie steht auf einem Urkalkfelsen, einem Ausläufer des Haßberges. Von der Aussichtsgalerie geht der Blick in den segensreichen Naturgarten des Saazer Beckens.

Saaz (Žatek)

Erste neuhochdeutsche Dichtung „Ackermann aus Böhmen“ von Johannes von Tepl, von Saaz, geboren um 1350 in Schüttwa bei Bischofteinitz. Er war Stadtschreiber und Notar in Saaz, hat auch im Stift Tepl gewirkt. Kein Wunder, daß Goethe 1810 Rast hielt in dieser Stadt und vom Marktplatz mit seinen Giebelhäusern, teilweise mit Lauben, hellauf begeistert war, er verglich ihn mit den schönsten Plätzen der Städte Frankens. Prächtiges Rathaus von 1559 mit barockem Zwiebelturm. Davor die mit Figuren reich geschmückte Dreifaltigkeitssäule. Die ursprünglich romani-

sche Kirche Mariä Himmelfahrt wurde um 1340 in eine dreischiffige gotische Hallenkirche umgebaut; sie erhielt nach 1738 eine Barockfassade mit zwei Türmen und die Nepomuk-Kapelle. Reichhaltige Innenausstattung.
Saaz entwickelte sich unterhalb einer Burg der Lutschanen im 10. Jh. aus einer kleinen Ansiedlung 1228 zum Markt und 20 Jahre später zur Stadt, als Ottokar I. deutsche Handwerker und Kaufleute in den Ort gerufen hatte. 1266 wurde sie sogar königlich. Saaz wurde nicht nur vielgerühmte Hopfen- und Gurkenstadt, sondern auch Handels- und Industriezentrum.
Unvergeßliche Erinnerungen an das Hopfenpflückerfest. Noch heute wird eine Gurkenkönigin gekrönt.
Der Glanz der Schlösser der Umgebung hat wohl nachgelassen: Neusattl (Nové Sedlo) nördlich gelegen. Und östlich und südöstlich Stecknitz (Steknik) und Litschkau (Líčkov).
Nun fahren wir über Schaub (Pšov) nach Podersam (Podbořany) mit der Kirche Peter und Paul aus dem 14. Jh., Neubau 1592. Die Umgebung gefiel Goethe recht gut; zusammen mit den Czernin schaute er sie an. Und dann auf gleicher Wegstrecke (Straße Nr. 226) über Rudig (Vroutek) – schöne Kirche! – weiter nach Lubenz (Lubenec). 1483 als Marktflecken bezeichnet. Porzellanfabrik von 1846. Neubau der Kirche Hl. Laurentinus 1846. Neugotische Einrichtung.
Wen nun die Fernstraße Nr. 6 nach Karlsbad reizt, kann ja nach etwa einer halben Stunde Fahrzeit dort einen gesunden Sprudel trinken, vielleicht schmeckt aber ein Bierchen besser in Luditz (Žlutice). Stadterhebung Anfang 14. Jh. Anstelle der alten Burg entstand ein Schloß um 1680, von dem Fragmente vorhanden sind: Eingangstor zum Schloßpark. Rathaus und Gerichtsgebäude zeugen noch von geschichtsträchtiger Vergangenheit der kleinen Stadt am linken Ufer der Schnella (Střela). Dominant am Markt die 13 m hohe, mit vielen herrlichen Figuren bestückte Dreifaltig-

keitssäule des berühmten Luditzer Bildhauers Oswald Wenda. In der Tat ein Barockjuwel!

Camping im Schloßgarten für Zelte und Wohnwagen. 10 Holzhäuser stehen zur Verfügung.

Kirche St. Peter und Paul von 1351, mehrmals umgebaut. Wertvolle Inneneinrichtung. Leider fehlen die Figuren am Hochaltar. Berühmt ist das Luditzer Cantionale (Žlutický kancionál), angefertigt 1558 in der Kunstwerkstatt des Jan Taborsky aus Ahornberg bei Tabor, im Stadtmuseum.

In unmittelbarer Nähe der 4 km lange Luditzer Stausee (Žlutiká přehrada) für Trinkwasser. Der Staudamm ist 27 m hoch. Ebenfalls nicht weit entfernt, ca. 3 km südöstlich von Luditz, der 692 m hohe Tafelberg aus Basalt: Wladarz-Berg (Vladař) mit kleinem See und Burgstätte. Weite Rundsicht.

6 km östlich liegt Chiesch (Chýse), das rund um eine Burg entstand; Stadterhebung 1475 durch König Ladislaus. Das Karmeliterkloster von 1485 erlebte böse Zeiten, nach dem Stadtbrand von 1678 wieder aufgebaut, traf es knapp hundert Jähre später wieder ein Großbrand. 1786 wurde es aufgrund der Reformen von Joseph II. aufgelassen; im Klostergebäude wurden Schule, Pfarrei und Herrschaftsverwaltung untergebracht. Vierflügeliges Gebäude mit einfacher Fassade. Interessanter das Schloß des Grafen Lažanský, Umbau 1856–58 im Stil englischer Windsorgotik durch den Prager Baumeister L. Ullmann. Angefügt ist die Schloßkapelle des hl. Prokop (1827). Hauslehrer war der Dichter Karel Capek. Gedenktafel zeugt von seinem Wirken. Am Ostrand dominiert die dreischiffige Barockkirche „Maria Verkündigung“ am Spitzberg. Stuckierung beginnt zu bröckeln. Pfarrkirche „Maria Namen“ mit schönem Hochaltar und Altarbild von Peter Brandl.

Oberhalb der Talsperre (Luditzer Stausee) steht die Wallfahrtskirche Maria Heimsuchung mit schönen Fresken und Rokokoaltären, die bei Einbrüchen beschädigt wurden.

Saaz (Žatek)

Rathaus

Luditz (Žlutice) mit Kirche

St. Peter und Paul

Ein Barockjuwel in Luditz. Die Dreifaltigkeitssäule vom berühmten Luditzer Bildhauer Oswald Wenda.

Kostbare Sakralgegenstände bewahrt Stift Tepl auf. Dorfanlage von Maria Stock verschwunden.
Von Podersam aus kann man auch die Nebenstraße Nr. 194 Richtung Pomeisl (Nepomyšl) wählen, um nach Luditz zu gelangen. Vorher sollte man Rast machen in Waltsch (Valeč), einst blühend, jetzt ziemlich verwelkt. Waltsch ist geprägt vom Renaissanceschloß der Grafen von Thurn und der von Santini-Aichel gestalteten barocken Prachtkirche. Auch der Name Francesco Barelli taucht auf. Überlassen wir den Streit den Kunsthistorikern, wer die Stadtpfarrkirche Johannes des Täufers barockisierte. Schön ist sie allemal. Bei Renovierungsarbeiten wurden 1933 Fresken aus der Zeit um 1520 entdeckt. Vor der Kirche beachtliche Mariensäule.
Der barocke Schloßumbau geschah unter Graf von Stampach. Baumeister waren Barelli, Pessina und Rossa. Nach dem Brand des Jahres 1976 ist das Schloß nur notdürftig geflickt. Früher war die Parkanlage tip top gepflegt; vor allem war sie berühmt durch den gehaltvollen Figurenschmuck aus der Meisterwerkstatt von Mathias Bernhard Braun. Ein herrliches und eines der größten Ensemble aus dieser Werkstatt. Vom Meister selbst sollen vier Figuren stammen. Weitere vier Plastiken, darunter Graf Spork, werden im Kloster Kladrau ausgestellt. Kopien befinden sich in der Nähe des Springbrunnens. Aus der Braun-Werkstatt stammt auch die Dreifaltigkeitssäule nach einem Entwurf des Architekten Kanka vor der Schloßkirche zur Heiligen Dreifaltigkeit von Rossa (1722–26). Bauherr war Graf von Globen. Der Maurermeister Thiel soll zu Ende gebaut haben. Reiche Barockausstattung. Altarbild stark beschädigt. Es wurde leider vieles beschädigt, so auch das dreigeschossige Theatron mit Rundbögen am Fuße des Parkhügels. Besondere Qualität besaß ebenso das gläserne Palmenhaus.
Wir bleiben aber nicht im Palmenglashaus sitzen und lesen „Ein Graf spielt Theater“ von Bruno Brehm, der sich dafür das Schloßtheater von Chiesch zum Vorbild nahm, sondern

begeben uns zur kleinsten Stadt Böhmens, Rabenstein (Rabštejn nad Střelou), die nicht viel mehr als 10 km südöstlich von Luditz hoch über der Schnella mit ihren romantischen Uferschleifen in hügeliger, waldumsäumter Gegend liegt. Auf dem Felsvorsprung steht die Burg, von der zwei Rundtürme übrig blieben. Mit dem Wehrbau fing 1269 Ulrich von Rabenstein an, Ulrich Pflug baute ihn 1332 zur Burg aus, und gründete im Vorburgraum das kleine Städtchen, dem er 5 Jahre später Saazer Recht verlieh. 1358 wurde Rabenstein unmittelbares Königsgut. 1483 Klostergründung durch Burian von Guttenstein, 1532 niedergebrannt, wieder aufgebaut und 1787 aufgelassen. An diesem ehemaligen Servitenkloster die ehemalige Kloster- und spätere Pfarrkirche „Sieben Schmerzen Mariä" nach Plänen von A. Lurage (1766–69). Gute barocke Innenausstattung, die leider auch Diebe anlockte. Am Hochaltar ein Bild von Peter Brandl. Die frühbarocke Lorettokapelle bedarf der Renovierung.

Das Kloster wurde jetzt zum Gasthaus mit Unterkunft umfunktioniert, eine echte Klosterwirtschaft also! Und aus dem Barockschloß des Franz Karl von Pötting (1705), das vor der Burg steht, wurde ein Hotel.

Seit dem 18. Jh. gehörte der Ansitz zur Herrschaft Manetin (Manětín) der Grafen Lažanský.

Von den Bürgerhäusern steht noch das „Alte Spital" in Blockbauweise und Fachwerk im Obergeschoß. Barockisierte, ehemals gotische Brücke über der Schnella, deren Flußtal unter Naturschutz steht (Naturlehrpfad). Die aufgelassenen Brüche lieferten das Material für die Dächer des St. Veits-Domes und des Pulverturms in Prag sowie für die Königsburg Karlstein.

Ebenfalls in waldreicher Hügellandschaft liegt Manetin (Manětín), das im 17. Jh. unter den Grafen Lažanský eine unwahrscheinliche Blütezeit erreichte. Markt seit 1235. Gegründet wurde der Ort durch den Johanniterorden.

Marktplatz in Luditz mit Gerichtsgebäude und Rathaus

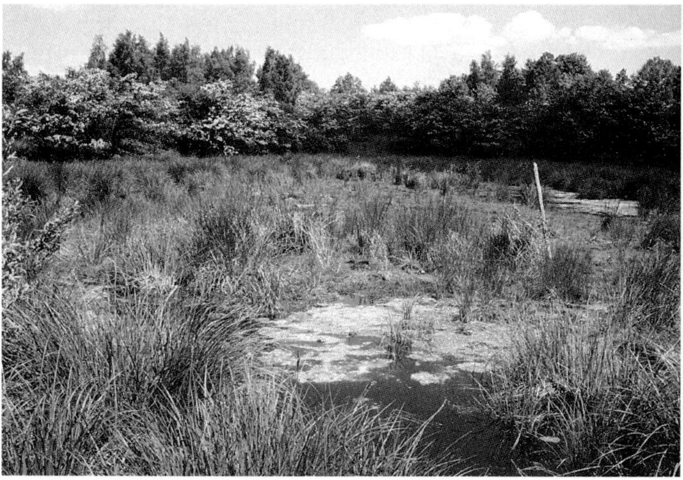

Luditzer Umgebung: Wladarz-Berg (Vladař) mit Vulkansee

Auf der Terrasse vor dem Schloß beachtliche Figurengruppen von Stephan Borowetz, der in Diensten von Josef Graf Lažanský stand und in der Prager Brockoff-Werkstatt ausgebildet wurde, und von Joseph Herrscher. Das Barockschloß nimmt die Südfront des Marktplatzes ein (Museum, Gemäldegalerie). Daneben die Pfarrkirche „Johannes der Täufer", nach dem Brand von 1712 neugebaut vom Tiroler Baumeister Johann Georg Hess mit wertvollem Hochaltarbild von Peter Brandl, der noch die Bilder der Heiligen Anna und des Heiligen Antonius malte.

Am östlichen Ortsrand die barocke Friedhofskirche von 1697 mit Plastiken von Brockoff und Herrscher und Gemälde von Peter Brandl. Die Johannes-Nepomuk-Statue vor der Kirche stand früher in Duppau, das nach dem Zweiten Weltkrieg zerstört wurde.

Allmählich schnuppern wir schon die Industrieluft von Pilsen. Zweifellos angenehmer ist der Geruch der Mälzereien; „Pilsner Urquell" ist ja bayerischen Ursprungs und geht auf den niederbayerischen Braumeister Josef Groll zurück. Die Škodawerke schließlich sind das Produkt der schöpferischen Tatkraft des Emil Ritter von Skoda (* 1839 in Pilsen, † 1900 in Amstetten/Österreich) Sein Vater war der Landessanitätsreferent Hofrat Franz Ritter von Skoda. Emil von Skoda, der Mitglied des Österreichischen Herrenhauses war, übernahm 1866 als Oberingenieur die Leitung der Waldsteinischen Maschinenfabrik, die er 3 Jahre später kaufte. Aus der kleinen Fabrik mit 33 Arbeitern machte er innerhalb von 3 Jahrzehnten ein Weltunternehmen mit 3000 Beschäftigten. Emil besuchte in Eger und in Pilsen das Gymnasium. Sein Großvater war Tscheche, seine Mutter Deutsche. Die Familie bekannte sich zum Deutschtum!

Vom barocken Manetin können wir direkt weiterfahren über Bilau (Dol Bělá) auf die Hauptstraße und dann links (östlich) Richtung Pilsen abbiegen, oder einen kleinen Umweg über

Netschetin (Nečtiny) machen, 1511 vom König Wladislaw dem Jagiello zum Städtchen erhoben. 1838 kam es an den Grafen Mensdorf-Poully. Pfarrkirche Hl. Jakobus dominiert auf der Anhöhe, neuerbaut 1750/52. Inneneinrichtung reduziert durch Einbrüche. Der Friedhof gruppiert sich um die Kirche. In ihm die Pyramide der Steidl von Tulechov (Stadtrichter von Netschetin 1764–1828). Unterhalb der Kirche geräumiger Pfarrhof mit Wirtschaftsgebäuden, in dem ein deutsch-tschechisches Begegnungszentrum eingerichtet wurde.

Am Marktplatz Rathaus von 1725. Über dem runden Eingangsportal Stadtwappen mit der Jahreszahl 1511 (Stadterhebung). Vorm Rathaus thront auf einer Sandsteinsäule der Erzengel Michael, umringt von vier weiteren Plastiken (1683).

An der Straße nach Preitenstein die St. Anna-Kirche, neuerrichtet 1655–57. Frühbarocke Einrichtung beschädigt, nun verschwunden. In den 70er Jahren landwirtschaftliches Museum, jetzt Gedenkstätte.

Preitenstein (Preitenštejn). Ruine auf steilem Fels einer einst mächtigen Burg mit drei Toren, Bastionen und großem Vorhof, erbaut um 1330 von Ulrich Pflug von Rabenstein . Das Schloß unterhalb der Burgruine wurde 1633–34 von Gottfried Hertel von Leitersdorf erbaut und 1651–73 von Wenzel Adam Kokorzowa vollendet. Alfons Graf Mensdorf-Poully ließ 1855–58 das heruntergekommene Schloß neugotisch im Windsorstil umbauen. Von der Schloßkapelle nurmehr Glasmalerei von C. Reiss erhalten (1855). Hirschbrunnen im Ehrenhof. Heute Landwirtschaftsschule.

Wscherau (Všeruby). 1539 Stadt. Pfarrkirche Hl. Geist, spätgotisch, barocker Umbau. Emporekirche Hl. Martin, romanisch, umgebaut 1684 und 1775. Nepomukkapelle von 1769.

Geburtsort des berühmten Bildhauers Franz Metzner (Völkerschlachtdenkmal Leipzig); 1870–1919 Berlin.

Chiescher Schloß (Chyše)

Chiesch (Chyše)
Dreischiffige Barockkirche „Maria Verkündigung" am Spitzberg

Spitzbergkirche

Und dem bekannten Lyriker Heinrich Suso-Waldeck (Augustin Popp, 1873–1943 St. Veit/Mühlviertel).
Pilsen (Plzeň), westböhmische Metropole mit 180 000 Einwohnern. Industrie- und Kulturzentrum am Knotenpunkt der alten Handelswege von Sachsen, Nürnberg und Regensburg nach Prag und am Zusammenfluß von vier Flüssen: Mies (Mže), Radbusa (Radbuža), Angel (Úhlava) und Amsel (Úslava), die sich zur Beraun (Berounka) vereinigen. Die Ansiedlung wurde 1295 von Wenzel II. zur königlichen Stadt erhoben. Bayerische Handwerker und Kaufleute wurden angesiedelt. Meist einstöckige Fachwerk- und Steinhäuser, ein Franziskaner- und ein Dominikanerkloster mit je einer Kirche wurden gebaut. Der Grundstein für die Bartholomäuskirche wurde gelegt, und alles von turmbestückten Mauern und Wällen umfaßt. 1414 zog Jan Žižka mit seinen südböhmischen Hussiten in die Stadt ein, baute sie 1419 zur Festung aus und ließ alle Klöster schleifen. 1420 übergab

Gnadenaltar in der Wallfahrtskirche Maria Heimsuchung in Maria Stock

er den Kaiserlichen die Stadt gegen freien Abzug seiner Truppen. Später hat er sie mehrmals vergeblich belagert. Pilsen entwickelte sich zur katholischen Bastion, die sich auch gegen den gemäßigten Hussitenführer Georg von Podiebrad, der im übrigen 1458 zum König gewählt wurde und insgeheim zum Katholizismus übertrat, stellte. Dafür verlieh ihr Papst Paul II. das Recht, im Stadtwappen noch zwei Schlüssel und einen Ritter mit einem halben Adler zu führen.
1496 bis 1561 unterstand Pilsen den Herren von Sternberg, hernach unmittelbar dem König.
Als 1599 Kaiser Rudolf II. mit Hofstaat und ausländischen Gesandten vor der Pest von Prag nach Pilsen floh, wurde die Stadt ein $^3/_4$ Jahr lang Zentrum des Heiligen Römischen Reiches Deutscher Nation.
1618 eroberte ein Ständeheer unter General von Mansfeld in Diensten des Kurfürsten Friedrich von der Pfalz die Stadt, die dann am 26. März 1621 vom kaiserlichen Feldherrn Tilly übernommen wurde. 1633/34 bezog Albrecht von Wallenstein sein Winterquartier in der Stadt. Im Rathaus ließ er seine Generäle den persönlichen Treueeid auf ihn schwören („Pilsner Schlüsse"), was ihm und einigen seiner Generäle wenig später in Eger das Leben kostete. Aus 1468 stammt das Druckwerk „Die Trojanische Chronik".
Vor der Zeit der königlichen Stadt, die zunächst Neu-Pilsen hieß, existierte über dem Tal der Amsel die herzogliche Burg Pilsen (St. Plzenec) mit drei Kirchen und fünf Kapellen, von denen Mauerreste und die vorromanische St. Peter-Rotunte übrig blieben, auf einem Felsen. Diese Befestigungsanlagen liegen ca. 10 km südöstlich der Stadt und sind ein beliebtes Ausflugsziel. Sie werden als Alt-Pilsen (Starý Plzenec) bezeichnet.
Der Ring, jetzt Platz der Republik (Náměstí Republiky), ist mit 193 x 139 m mit der größte Stadtplatz Böhmens, und mit Renaissance- und Barockhäusern, auch gotische Stilele-

mente treten zu Tage, gesäumt. Die barocke Mariensäule formte Christian Widemann. Unbestreitbarer Mittelpunkt ist die gotische St.-Bartholomäus-Kirche (1297 bis etwa 1476) mit Böhmens höchstem Turm von 103 m. Dreischiffige Halle mit Sternengewölbe. Am Hauptaltar die „Pilsner Madonna" (um 1390), einer der Ursprünge der „Schönen böhmischen

Schloßkirche zur Heiligen Dreifaltigkeit (Waltsch)

Theatron in Waltsch

Barocke Pfarrkirche Johannes des Täufers

Madonnen“. Die Sternbergkapelle zählt zu den bedeutendsten Werken der Spätgotik. An der Außenseite des Presbyteriums der Bartholomäuskirche (kostel sv. Bartloměje) ein von einem schmiedeeisernen Gitter geschütztes Prachtschnitzwerk „Christus am Ölberg“ (16. Jh.).
Beachtliches Renaissancerathaus mit reichlichem Sgraffitoschmuck von Giovanne de Statio aus Lugano (1554–59). Daneben das Kaiserhaus, das Rudolf II. beherbergte. Schräg gegenüber die Erzdechantei, ursprünglich gotisch, 1710 barock umgestaltet von Jakob Auguston. Wenn auch das gotische Stadthaus daneben „Haus der dunklen Krüge“ vor dem Ersten Weltkrieg abgerissen wurde, so ging es durch Gertrud Fussenegger, die im Wonnemonat Mai des Jahres 1912 in Pilsen zur Welt kam, in die Literaturgeschichte ein.
Sehenswert sind ferner: Gotische Franziskanerkirche (um 1340) mit Barockfassade, Westböhmisches Museum mit historischen und kunstgewerblichen Sammlungen sowie Bildergalerie, Brauereimuseum, die Barockkirche St. Anna und die ehemaligen Fleischbänke (masné krámy) aus der Gründerzeit, in der jetzt Ausstellungen stattfinden. Dazu gesellt sich noch das 1899–1902 erbaute J. K. Tyl-Theater im Smetana Park (Smetanovy sady).
Friedrich Smetana ging hier ins Gymnasium (1840–43). Karl Klostermann aus dem oberösterreichischen Haag unterrichtete an der Oberrealschule; er starb 1923.
Der Dirigent Václav Talich wirkte in Pilsen (1912–16).
Josef Skupa (1892–1957) ist der Vater der berühmten Puppen „Spejbl“ und „Hurvínek“, filmisch bekanntgemacht durch Jiři Trnka (1912–69).
Innerhalb des städtischen Nahverkehrs befinden sich die Erholungsgebiete bei Bolevec (Bolevecké rybníky) und am Stausee České údolí. Leicht erreichbar ist auch der Rokuloser (Hracholusky) Stausee an der Mies westlich der Stadt. Campingplätze sind vorhanden.

Pilsen (Plzeň)

Lagepläne von Pilsen (Zentrum)

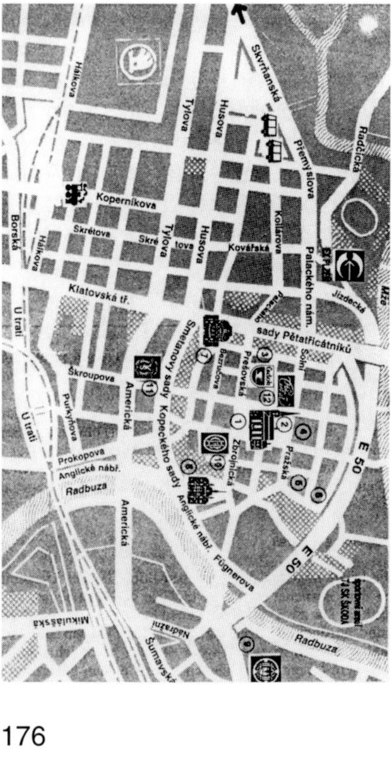

1. *Bartholomäuskirche*
2. *Pestsäule*
3. *Reisebüro Cˇedok mit Touristeninformation*
4. *Rathaus und Jirˇí-Trnka-Galerie*
5. *Eingang in die unterirdischen Räume*
6. *Brauereimuseum*
7. *J. K. Tyl-Theater*
8. *Westböhmisches Museum*
9. *Brauerei Pilsner Urquell*
10. *Franziskanerkloster*
11. *Kindertheater*
12. *Erzdekanat*

Pilsen (Plzeň)
Westböhmische Metropole

Die Synagoge (größte in Böhmen)

Renaissance-Rathaus

J. K. Tyl-Theater

Belagerung von Pilsen (1618)

Pilsen mit Škodawerken im Hintergrund

St. Bartholomäuskirche mit höchstem Kirchturm (103 m) in Tschechien

Im Stadtteil Doubravka am Ufer der Beraun liegt die St. Georgskirche, die vom heiligen Adalbert, Bischof von Prag, 992 gegründet wurde. Südlich der Innenstadt die gotische St.-Nikolaus-Kirche mit Friedhof, auf dem prominente Pilsner begraben sind.
Eingemeindet wurde inzwischen das 4 km westlich gelegene Schloß Krimitz (Křimice) der Fürsten Lobkowitz. Das Barockschloß wurde 1831 im Empirestil erneuert. Es ist wie auch der Schloßhof und der Park mit Barockplastiken von Lazar Widmann ausgestattet.
Information: Námăst Republicky 41, Tel. 019/7 23 65 35, täglich 9–17 Uhr.
10 km südöstlich liegt auf einer Anhöhe über dem Tal der Amsel das Rokokoschloß Kozel, ehemaliges Jagdschloß mit reichhaltiger Ausstattung und Gemäldegalerie (ehemaliger Reitstall). Wenzel Haberditz aus Prag baute das Schloß 1784–89 für Johann Adalbert Czernin von Chudenitz.
Schön angelegter englischer Landschaftsgarten von Franz Xaver Franz.
Früher wurden hier den heidnischen Göttern Ziegenböcke geopfert. Daher der Name „kozel = Ziegenbock".
Gut erhaltenes Schloß. Besichtigungszeiten von Mai bis September täglich, außer Montag, und im April und Oktober nur Samstag und Sonntag von 9.00 bis 16.00 Uhr.
Sollten wir vom Schloßanstieg leicht erhitzt sein, können wir uns westwärts zum Rakoluser Stausee wenden. Vor dem kühlen Bad wäre ein Halt in Tuschkau (Město Touškov) empfehlenswert. 1239 bei Kladrau, 1245 Probstei. Im Hussitenkrieg zerstört. Wiederaufbau. Stadterhebung 1545 durch Ferdinand I. Pfarrkirche Johannes der Täufer, gotisch, barock umgestaltet. Chor und Orgelempore Barockgotik; Zusammenhang mit Kladrau (Santini). Marktplatzhäuser gotisch und Renaissance.
Noch weiter westlich, etwa 30 km von Pilsen entfernt, in reizvoller Lage auf einem Felssporn im herrlichen Miestal

Rabenstein (Rabštejn nad Střelou), kleinste Stadt Böhmens

Barockschloß

Alte Egerländer Häuser in Rabenstein, das seit dem 18. Jahrhundert zur Herrschaft Manetin der Grafen Lažanský gehörte

Manetin (Manětín) mit der Pfarrkirche Johannes der Täufer

Barbarakirche v. J. B. Mathey in Manetin

Netschetin (Nečtiny) mit der Jakobskirche auf einer Anhöhe

die ehemalige Silberbergstadt Mies (Stříbro = Silber). Stadterhebung um 1250. Prunkvolles Renaissancerathaus mit reich gegliederter Giebelfront, Ende des 19. Jh. renoviert, mit heimatkundlichem Museum. Historische Bürgerhäuser am Marktplatz. Barocke Mariensäule von Lazar Widmann. Von Joseph II. aufgelöstes, barockisiertes Minoritenkloster dient als Schule. Dekanalkirche Allerheiligen (Kostel Všech Svatých), spätgotisch, mehrmals umgebaut. Reichhaltige Barockausstattung. Grandiose Freskenmalerei von Elias Dollhopf, der auch das Hauptaltarbild schuf. Einer der schönsten Stadtparks in Böhmen.
Befestigungsanlagen teilweise erhalten. Spätgotischer Brückenturm an der Steinbrücke. 2 km nordöstlich die alleinstehende gotische St. Peterkirche mit schönen Wandmalereien (Svatý Petr).
Im Flußtal Freibad und Camping.
Herrliche Waldrandwanderungen in nähere Umgebung.
Ein Katzensprung südlich, nämlich nur 4 km, streckt sich mächtig in den Egerlandhimmel der „Hohe Dom“, die Stiftskirche Kladrau (Kladruby). Ursprünglich romanisch, umgebaut Anfang des 18. Jh. in barocker Gotik von Johann Santin Aichel (auch Giovanni Santini, Prag 1667–1723). Eine der größten Kirchen Westböhmens. Konventbau von Kilian Ignaz Dientzenhofer. Wandfresken in bestechender Manier von Cosmas Damian Asam. Wieder ein grandioser Brükkenschlag von Bayern nach Böhmen. Hauptwerk der Barockgotik. Monumentale Westfassade, dreigegliedert mit Baldachin über dem Eingang, gekrönt durch Marienstatue. Imposante dreischiffige Hallenkirche (84 m lang), harmonische Sinfonie mit Stern- und Netzrippen und wertvollen Skulpturen aus der Werkstatt von Matthias Braun. Asamfresken in der Kuppel über der Vierung. Im Seitenschiff das Grab des Stifters, Herzog Wladislaw I. Von ihm stammt der Stiftsbrief von 1115 (1. Abt Berthold). Alte Chronisten sprechen von der Klostergründung durch Herzog Swatopluk; 1108.

Zum Benediktiner-Kloster, in dem auch Zwiefaltener Benediktiner wirkten, gehörten einst zwei Marktflecken und 128 Dörfer.
Unvergeßlich das am Tage von Maria Himmelfahrt von vielen Egerländern besuchte Kirchenfest. Ihre Gebete haben sich in den Tafeln der Ewigkeit eingegraben.
Ein Ereignis sind ebenfalls die Sommerkonzerte in dieser wunderbaren Kirche. Und das Museum für Skulpturen ist genausowenig zu verachten.
In Kladrau selbst steht die Pfarrkirche St. Jakob, spätbarock, wuchtiger Turm. Schöne Rokokoausstattung. Die Mariensäule stammt von 1701.
Knapp 20 km südöstlich liegt Staab (Stod), 1315 Markt, 1850 Stadt. Historische Bauten. Barockes Rathaus und Postgebäude. Pfarrkirche Maria Magdalena von 1567; Barockumbau (1841–49 von A. Thurner, Tepl). Hochaltar: Werkstatt M. W. Jäckel. Auf dem Kreuzberg stand die Wallfahrtskirche „Zur Kreuzerhöhung“. Früher verlief in der Nähe die deutsch-tschechische Sprachgrenze.
Staab gehörte ebenso zum Kloster Chotieschau (Chotěšov) wie Wiesengrund (Radbůža Dobřany). Am Stadtplatz barocke St.-Veits-Kirche von Jakob Auguston, Pilsen (1727–33). Der Hauptaltar trägt die Handschrift des sächsischen Barockbildhauers M. W. Jäckel.
Das Prämonstratenserinnenkloster, um 1200 gestiftet vom edlen Gaugrafen Hroznata für seine Schwester Wojslawa. 1638–42 Konventneubau, 1734–56 neues, großes Kloster nach Entwurf von J. Auguston. Kirche nach Brand im 19. Jh. abgerissen, Kloster säkularisiert. 1822 von Karl Alexander von Thurn und Taxis erworben; im Familienbesitz bis 1945. Mächtiger hochgelegener Konvent mit vier Flügeln und Fresken von F. J. Lux. Vor allem hat er im ehemaligen Kapitelsaal und in den Treppenhäusern Szenen aus dem Leben von Hroznata und seiner Schwester dargestellt.
Die Kirche Herz Jesu wurde 1901 nach Plänen von J. Haberzettl im pseudobarocken Stil neugebaut.

Gotische Kirche Maria Geburt barockisiert. Vierung überkuppelt. Gewölbefresken ebenfalls von F. J. Lux. Grabstein von Wojslawa befindet sich in dieser Kirche.
Jetzt verlassen wir allmählich die Pilsner Region in südwestlicher Richtung und nähern uns langsam aber sicher dem alten Bischofssitz Bischofteinitz (Horšovský Týn), der im 12. Jh. eine kleine Wachtburg war. Der Ort wurde erstmals 1184 genannt. Stadterhebung 1352. Romantische Flußlandschaft an der Radbusa, umrahmt von Waldhügeln. 8 Jahre vorher mächtiger Ausbau zur Festung durch den Prager Erzbischof Ernst von Pardubitz. Befestigungsmauer teilweise erhalten. Hier bissen sich die Hussiten die Zähe aus. Gott sei Dank! Wäre doch schade gewesen um die schönen gotischen und Renaissancehäuser, zum Teil barockisiert mit Volutengiebeln und Stuckornamenten, die auch das spätgotische, wiederholt umgebaute Rathaus zieren. Die Stadtkirche Peter und Paul (Kostel sv Petra a Pavla) und die Erzdekanal-Kirche St. Apollinaris (Kostel sv. Apolináře), am rechten Flußufer liegend, stammen aus dem 13. Jh.. Beide wurden barock umgestaltet und beherbergen wertvolle Kunstwerke.
Nach der Hussitenzeit kam der Ort an die Grafen Ramsperg, und nach ihnen an die Lobkowiten. Johann Popel von Lobkowitz ließ nach dem Brand von 1547 auf der Felszunge über der Radbusa ein vierflügeliges Renaissanceschloß errichten mit ausgedehntem Park, der im 18. Jh. in eine englische Anlage umgewandelt wurde.
1560 schuf A. Galli Palas mit Arkaden. Um 1600 folgte dann ein turmartiger Burggrafenbau, der 1680 erweitert wurde. Im Schloßgarten interessantes Stadtmuseum.
Ende des 19. Jh. ließen die Trautmannsdorff das Schloß zum Teil im Stile der Neurenaissance renovieren.
Ein Kleinod prachtvoller Gotik ist die Schloßkapelle mit sechsteiligem Kreuzrippengewölbe auf schlanken Pfeilern. Im Erdgeschoß flache Arkaden und freistehende Säulen.

Herrliche Renaissancefresken, darunter J. P. von Lobkowitz mit Gattin kniend unter dem Kreuz vor der Ansicht der mittelalterlichen Stadt und Burg Bischofteinitz.
Südwestlich am Stadtrand die Wallfahrtskirche St. Anna auf dem Hügel (Kostel sv. Anny na vršíčku). Aus der Zeit der Gotik stammt das reiche Netzrippengewölbe. Pfeiler und Bogen enden in farbigen Terracottazierstreifen. Barockausstattung unter den Grafen Trautmannsdorff, deren Familiengruft unterhalb der Kirche im Empirestil in den Hang gebaut wurde. Portal mit gußeisernen dorischen Säulen und Wappen der Familie.
Nahe der Rabusabrücke erblickte, wie man so schön zu sagen pflegt, 1781 der berühmte Astronom Joseph Johann von Littrow das Licht der Welt. Um das Sternenlicht der Welt hat er sich ja wahrlich bemüht. 1840 verstarb er in Wien. Sein Hauptwerk „Die Wunder des Himmels". Vor allem hatte es ihm der Mond angetan. Der von ihm entdeckte Krater trägt seinen Namen, in dessen Nähe die Mondfähre des Raumschiffes „Apollo 17" landete.
In diesem Landstrich sind unwahrscheinliche Geistesfrüchte gereift. Denn unweit von Bischofteinitz (12 km sw.) kam um 1350 in Schüttwa (Sitbor), eingemeindet nun in Neu Gramatin (Nový Kramolin), Johannes von Saaz (Tepl/Schüttwa) zur Welt, der mit „Ackermann aus Böhmen" ein unauslöschliches Geistesdenkmal schuf. Es ist das bedeutsamste Prosawerk vor Luther in neuhochdeutscher Kanzleisprache, wie sie am Hofe von Kaiser Karl IV. üblich war. Johannes besuchte die Lateinschule im Stift Tepl und war Schüler von Johann von Neumarkt, Bischof von Olmütz und Hofkanzler von Kaiser Karl IV., an der Deutschen Karls-Universität in Prag, die älteste Deutsche Universität! 1383 war er Notar und Stadtschreiber in Saaz, sowie Rektor der Lateinschule. 1411 bekleidete er das Amt eines öffentlichen Notars in der Prager Neustadt. Verfaßte in Prag ein Stadtbuch, ein Gerichts- und Losungsbuch. Der Tod seiner Frau

Marktplatz von Netschetin mit Sandsteinsäule des Erzengel Michael, umringt von den Heiligen Antonius, Wenzel, Josef und Johannes

Margarete im Wochenbett erschüttert ihn derart, daß er das Streitgespräch mit dem Tod suchte. Daraus entstand das berühmte Werk „Der Ackermann aus Böhmen". Um 1414 verstarb dieser großartige Man aus dem Egerland in Prag. Die Kirche seines Heimatortes wird allmählich zur Ruine.
In der Nähe liegt noch Ronsperg (Poběšovice); gehörte zur Herrschaft Ramsperg, die später an die Schwanberger ging. Die Grabmale sind in der Pfarrkirche. Taufbecken und Presbyterium sind noch gotisch.
Auf Schloß Ronsperg bereitete Johann Brockoff die Johannes-Nepomuk-Statue für die Prager Karlsbrücke vor. Das Barockschloß ist verfallen und wird nun renoviert. Bis 1945 war es im Besitz der Familie Coudenhove-Kalergi.
Und nun machen wir uns auf den Weg ins Herz des Chodenlandes nach Taus (Domažlice) am Fuße des Böhmerwaldes (Šumava) in reizender Waldlandschaft. Über den beliebten Ferienort Babilon (Babylon) erreichen wir in 14 km Entfernung den Grenzübergang Vollmau (Fohmava) nach Furth i. W. in der Oberpfalz, das in der Senke zwischen dem Bayerischen und dem Oberpfälzer Wald liegt. In Babilon nisten an mehreren Teichen Wasservögel. Am größten Teich Badegelegenheit und Camping.
9 km südlich von Taus die gotische Burgruine Riesenberg (Rýzmberk). Die gotische Burg aus dem 13. Jh. wurde von den Schweden 1641 zerstört. Aussichtsturm mit schöner Rundsicht.
Von Taus können wir auch einen 31 km langen Schlenker Richtung Osten zur „Nelkenstadt" Klattau (Klatovy) machen. Zunächst stoßen wir nach 10 km Fahrt auf Neugedein (Kydně). Eine der ältesten Textilfabriken (1697) von Westböhmen. Barockrathaus. Im Barock umgebaute Pfarrkirche St. Nikolaus (Kostel sv. Mikuláše) oberhalb der Stadt.
Klattau wurde um 1260 von Ottokar II. gegründet. Im 15. Jh. war die Stadt im Lager der Hussiten und schloß sich dem Städtebund um Tabor an, stark unterstützt von Bürgermei-

Preitenstein (Preitenštein): Schloß

Gruftkapelle

ster Wenzel Korálek. Sein Haus stand am Platz der heutigen Jesuitenkirche. Habsburg gestaltete ab 1636 rigoros einen Teil der Innenstadt um.
Am Marktplatz Renaissancerathaus mit dem berühmten Schwarzen Turm (Cerná věč) aus spätgotischer Zeit. Der Aufstieg wird mit weiter Rundsicht belohnt. Es schließt sich das ehemalige Jesuitenkolleg an. Gleich daneben die frühbarocke zweitürmige St.-Ignatius-Kirche oder Jesuitenkirche (Jezitský kostel) von Carlo Lurago und Domenico Orsi (1654–79), vollendet 1717 von Kilian Ignaz Dientzenhofer. Anschauen sollte man sich auch die Barockapotheke mit wertvoller barocker Inneneinrichtung.
Die gotische Marienkirche stammt aus dem 13. Jh. und wurde wiederholt verändert. In ihr die Klattauer Madonna. Dazu gehört auch der Weiße Turm (Bilá věč), ein freistehender Glockenturm.
Nach diesem kurzen Ausflug kehren wir wieder nach Taus zurück, das ebenfalls von Ottokar II. um 1260 als Zollstation an der Straße von Regensburg nach Prag gegründet wurde. Die Choden waren freie Königsbauern und nur dem König verpflichtet. Sie waren mutige Grenzwächter. Sie haben immer noch eigene Mundart und eigenes Brauchtum und feiern ihr buntes Kirchweihfest mit Gesang, Tanz und Dudelsack am 582 m hohen „Lustigen Berg“ (Veselá Hora, auch Svatý Vavřineček). Auch die Egerländer ziehen gerne ihre Tracht an und feiern fröhlich Kirchweih. Und der Dudelsack ist ihr Nationalinstrument. Altes Kulturgut und Brauchtum wird hochgehalten, ebenso die Mundartpflege. Gilt es doch, den Fortbestand des geistigen Egerlandes zu sichern.
Mit der Zeit wurden die Privilegien der Choden, der Name kommt von „chodit“ = „gehen“, damit sind die Grenzkontrollgänge gemeint – beschnitten. Vor allem als sie unter Oberhoheit der Herren von Schwanberg (1483–1572) waren. Aber unter der böhmischen Kammer ging es ihnen nicht viel

besser. Die Choden haben ebenfalls eine sehr bewegte Geschichte. Nach der Schlacht am Weißen Berg (1620) war es mit ihrer Freiheit vorbei.

Malerischer Marktplatz mit Laubenhäusern, gotisch ursprünglich, dann Renaissance und barock. Die Dekanalkirche Mariä Geburt (Kostel Narození Panny Marie) aus dem 13. Jh. wurde nach dem Stadtbrand von Kilian Ignaz Dientzenhofer als Barockbau erstellt. Vom Turm bläst allabendlich ein Trompeter ein altes Chodenlied. Gegenüber das Rathaus in Neorenaissance. Nordwestlich ehemaliges Augustinerkloster mit gotisch-barocker Kirche. Unweit davon am Chodenplatz (Chodeské naměstí) die Chodenburg (Chodský hrad) mit mächtigem Rundturm. Die Burg, Zeuge stolzer Vergangenheit, stammt aus dem 13. Jh. und wurde im Renaissancestil umgebaut. Sie beherbergt ein Museum mit reichhaltigen Sammlungen.

Das untere Tor ist ein Teil der gotischen Befestigungsanlage. Gleich dahinter das Volkskundemuseum, das Jindřich-Jindřich-Museum (Muzeum Jindřřicha Jindřřicha).

Wir können noch dem Chodenschloß (Thranov) 6 km südwestlich von Taus einen Besuch abstatten, das Wolf Maximilian Lamingen von Albenreuth, „Lomikar" genannt, 1676 bauen ließ. Unter seinem strengen Regime kam es zum Bauernaufstand, den er blutig niederschlug. Nach 1810 wurde das Schloß gravierend durch die Grafen Stadion umgestaltet. Bis 1945 besaß es die Gräfin Schönborn. Seit 1970 Galerie des Chodenmalers Jaroslav Spillar.

In Neu Gramatin und Schüttwa waren wir schon. Weiter geht die Reise nach Hostau (Hostoǔn), 1587 Stadt durch Kaiser Rudolf II.

Jakobimarkt und Roßmarkt. Barockschloß mit Arkaden und Park, ab 1665 bis 1945 im Eigentum von den Trautmannsdorff. Stadtkirche Hl. Jakob (1731). Friedhofskirche Mariä Himmelfahrt von 1663, umgestaltet 1826, klassizistische

Ausmalung. Dreifaltigkeitssäule und Nepomukstatue je von 1722.
1915 kam das Militärgestüt von Radautz nach Hostau, und während des Zweiten Weltkrieges ein Teil der Wiener Hofreitschule samt Lipizzaner. Stadtbild stark verändert. Am Stadtrand Wohnblöcke. Der „Schwarze Berg“, einst Radarstation, ist wieder zugänglich.
Jetzt geht es schnurstracks weiter nach Haid (Bor), um 1250 durch die Schwanberger gegründet. Traditioneller Viehmarkt seit dem 15. Jh. 5 km vorher liegt Neustadtl, das wir anschließend besuchen. Ursprünglich frühgotische Wasserburg (1263 erstmals erwähnt) mit markantem Rundturm aus der Zeit. Überwiegend im 19. Jh. zum Schloß umgebaut und erweitert. Ab 1720–1945 im Besitz der Fürsten von Löwenstein-Wertheim-Rosenberg.
Gotische Schloßkapelle St. Laurentinus, nach 1500 verändert, zum Teil barocke Ausstattung.
Die Schloßanlage ist heute u. a. städtisches Kulturzentrum. Der Park ist zugänglich. Schloßbrücke mit Nepomukstatue von J. Brokoff. Auf dem Schloß wurden die „Haider Thesen“ verfaßt, ein christlich-soziales Fundament.

(Karte: Der ehemalige politische Bezirk Tachau)

Die Pfarrkirche Hl. Nikolaus, ursprünglich gotisch, steht auf einer kleinen Anhöhe südlich des Marktplatzes. Barocke Ausstattung mit einem ausgezeichneten Hochaltar von J. Artschlag. Über dem Sakristeieingang ein Tafelbild Maria mit Engelschören (15. Jh.) aus dem ehemaligen Kloster Loretto, das östlich der Wallfahrtskirche angesiedelt ist. Die Wallfahrtskirche, gegenüber vom Schloß, ist in schlechtem Zustand. In der Barockkirche die Schwarze Madonna von Loretto, zu der auch Wallfahrer aus der Oberpfalz pilgern. Die spätgotische Spitalkirche Johannes der Täufer dient den tschechischen Gläubigen als Kirche. Die Friedhofskir-

che Hl. Wolfgang (1705–20) außerhalb der alten Befestigungsanlagen ist als Speicher zweckentfremdet.
Rathaus 17. Jh., im 18. Jh. umgebaut. Kulturkahlschlag in der Ortsmitte, dem die alten Giebelhäuser zum Opfer fielen. An deren Stelle ziemlich einfallslose Neugestaltung. Südlich von Haid wunderschöne Teichlandschaft mit Badestrand und Camping.
Ebenfalls in dieser Richtung liegt Neustadtl (Stráž), das 1331 Stadtrecht erhielt, in ansprechender Landschaft. Historische Bürgerhäuser am Markt. Pfarrkirche gotisch, barockisiert.
In der Sakristei spätgotische Madonna. In der Kirche auch einige Barockkunstwerke. Zweiflügelige Pfarrei; ursprünglich Jagdschlößchen. Unterhalb davon eine schöne Nepomukstatue von A. Artschlag (1722). Daneben interessanter Steinbrunnen von 1727.
In der Sakristei der Friedhofskirche Johannes der Täufer. Barockfiguren: Hl. Ignaz und Sigismund.
Über der alten Heilquelle jenseits des Baches die Wallfahrtskirche Hl. Geist (1525), erweitert nach 1679; barocker Umbau 1710–20 durch den Grafen von Götz.
Westlich ovaler Burgwall Schlössel (Hřadište).
Nun führt uns der Weg über Konraditz (Kundratice) nach Pfraumberg (Přimda), überragt vom 837 m hohen gleichnamigen Berg mit romanischer Burgruine, einst vohburgische von Diepold II. errichtete Veste. Später wurde sie Grenzburg der böhmischen Fürsten und Könige. Wegen Familienzwistigkeiten waren in der Burg Sobieslaw II. und Ottokar II. (festgesetzt durch seinen Vater Wenzel I.) eingekerkert. Waren wohl prachtvolle Familienverhältnisse! Auf felsigem Grund ragt über den Wald der massige Wohn- und Festungsturm weit ins Land, verkündet, daß sie in alter Zeit eine der mächtigsten und wichtigsten Wehranlagen des Landes waren. Heute ist sie tschechisches Kulturdenkmal (Národní kulturní památka).

Mies (Stříbro)
Renaissancerathaus

Bürgerhäuser am Marktplatz

Klosterkirche in Kladrau (Kladruby)

Benediktiner-Kloster (Kirche)

Der Ort wurde gegen Ende des Zweiten Weltkrieges in Brand geschossen. Aus ihm stammt der Leitmeritzer Bischof Dr. h. c. Josef Groß (* 1866–1931 in Leitmeritz), der vorher Erzdechant in Falkenau a. d. E. war.
Südlich der Burg die Pfarrkirche Hl. Georg, romanisch, Erweiterungsbau spätgotisch, „Innereien“ neugotisch. Am Kirchplatz Nepomukstatue von 1734.
In knapp 10 km Entfernung die bewaldeten Höhenzüge des Böhmerwaldes mit dem Ferienort Roßhaupt (Rozvadov). Grenzübergang nach Waidhaus.
Zur Gemeinde Roßhaupt gehört Dianaberg (Diana), südlich in schöner Egerlandschaft gelegen, durch die sich der Katharinenbach schlängelt. Auf einem Hügel in englischer Parkanlage ein reizvolles Jagdschlößchen aus der zweiten

Hauptaltar der Klosterkirche Kladrau

Mittelschiff der Klosterkirche Kladrau

Wandfresken in bestechender Manier von Cosmas Damian Asam

Hälfte des 18. Jh., das heute Altersheim ist. Die Schloßgemälde befinden sich im Tachauer Museum.
Östlich von Neustadtl das malerische Siebengebirge (Sedmihoři). Höchste Erhebung der Ratzauer Berg (Racovský vrch) mit 619 m.
Prostibor (Prostiboř) gotische Kirche, zum Teil barockisiert.
Östlich davon Schloßruine (ursprünglich gotische Burg) auf einer Felszunge oberhalb des romantischen Flüßchens Auhlawa (Úhlavka).
In Altsattel (Staré Sedlo) in der Friedhofskirche Gruft der Herren von Schwanberg in der nördlichen Seitenkapelle. Interessanter Pfarr- und Herrenhof.
Und nun auf einen Sprung in eine Egerländer Dorfidylle, die zum Teil noch gut erhalten ist, obwohl ein Großbauernhof

Bischofteinitz (Horšovský Týn). Markplatz mit Bürgerhäusern

schon deutliche Verfallserscheinungen aufweist. Die Rede ist von Turban (Borovany). Um den großen Löschteich gruppieren sich Höfe mit kulturhistorisch interessanten Fassaden und farbigem Ziegelwerk.
Tschernoschin (Černošin) liegt an der Hauptstraße zwischen Mies und Plan, bei Plan können wir dann nach Tachau abzweigen. Tschernoschin liegt am Fuße des Wolfsberges (Vlčíhora), geadelt durch den Goethebesuch im Jahre 1823. Er bietet genußvolle Rundsicht zum Böhmerwald, Tepler Bergland, Schwanberg und zur Pilsner Region. Schöne Spazier- und Wanderwege sind vorhanden. Am Ostabhang die Burgruine Wolfstein (Volfštejn).
Im Ort die Georgskirche (1711–32). Pilastergliederung. Zwiebelturm an der Westfassade. Barockfresken.

Bischofteinitz

Stadtkirche Peter und Paul

Taus (Domažlice). Zentrum der Choden

Hl. Nepomuk in der Dekanalkirche St. Nikolaus in Haid (Bor) von Ch. Artschlag

Neopmukstatue von Andreas Artschlag (1722) in Neustadtl (Stráž)

Neustadtl mit Pfraumberg (Přimda) im Hintergrund

Tachau (Tachov)

Erste Nennung um 1100 mit hölzernen Befestigungsanlagen .

Anfang des 12. Jh. ließ Sobieslaw I. (1125–40) eine landesfürstliche Burg bauen, was die bedeutsame Lage des Ortes unterstrich. Aus dieser Zeit steht noch der Buckelquaderturm. 1664 litt die Burg unter dem „Feuerzauber“ der Schweden und später noch unter weiteren Bränden. Wiederaufbau von zwei barocken Flügeln 1788–99. Die Windischgrätz bauten weiter in klassizistischer Manier. Im Schloß sind heute die Stadtverwaltung und ein Kulturzentrum unterbracht.

Einige Schloßherren seien genannt: Pflug von Rabenstein, Johann d. J. von Lobkowitz, Oberstleutnant Johann Philip

Husmann, der die Stadt ganz schön ausnahm, die Grafen von Losi, die die Tachauer Herrschaft 1781 an Josef Niklas von Windischgrätz verscherbelten. Fürst Alfred Windischgrätz schlägt den Pfingstaufstand von 1848 von radikaldemokratischen Tschechen und Deutschen in Prag, und im Oktober die Revolution in Wien nieder. Seine Frau Eleonore, Schwester des Fürsten Schwarzenberg, wird dabei von einer verirrten Kugel eines Revolutionärs tödlich getroffen. Ihr Grab liegt in der Kirche Hl. Wenzel, der ältesten Kirche von Tachau auf dem alten Friedhof, vorwiegend gotisch, um den Musikchor gibt es noch romanische Elemente.

Franziskanerkirche von 1451–66 mit Seitenaltären, die Husmann gestiftet hat (Hl. Antonius und Franziskus), Freskenmalerei im Kloster, das heute als Kreismuseum dient, von Christoph Maurus Fuchs aus Tirschenreuth (1771–1848).

Die gotische Erzdekanalkirche wurde barockisiert. Der Epistelaltar trägt bereits reichen Akanthusblattschmuck. In dieser Kirche stand der älteste Akanthusrahmenaltar von 1675, der leider verschollen ist.

1427 wurde westlich der Stadt ein Kreuzheer von den Hussiten geschlagen.

Berühmte Söhne der Stadt sind u. a. der Fresken- und Portraitmaler Elias Dollhopf, dem späteren Bürgermeister von Schlaggenwald (1703–1773 Schlaggenwald). Wirkungsstätten: Stift Tepl, Pistau, Neuhof, Karlsbad, Mies, Maria Kulm, Schlaggenwald und Kloster Waldsassen. Und Franz Rumpler (1848–1922 Klosterneuburg), Professor für Historienmalerei an der Wiener Akademie. Ehrengrab im Wiener Zentralfriedhof. Er schuf Portraits, Landschaftsbilder, Blumenbilder und Stilleben in höchster Vollendung. Er erhielt die große Goldmedaille bei der internationalen Ausstellung im Münchner Glaspalast, der ja leider abgebrannt ist, die Goldmedaille bei der Ausstellung in Bodenbach und den Titel eines Hofrates. Viele bedeutende Künstler gingen aus der Malerschule dieses berühmten Egerländers hervor, darunter die Professoren Franz Cizek und Kolo Moser. 1873 schenkte er dem Franziskanerkloster seiner Vaterstadt ein Altarbild.

Bei so vielen geschichtlichen Ereignissen und exzellentem Kunstgenuß ist ein Spaziergang im romantischen Flußtal der Mies recht erholsam. Am Ufer entlang können wir nach Heiligen (Světce) spazieren. Ehemaliges Stift wurde zum Schloß umgestaltet. Neuromanische Reitschule. Noch ein wenig weiter, und wir stehen vor dem Sorghofer Stausee (Přehrada Lučina), der als Trinkwasserspeicher dient.

Nach einigen Kilometern westwärts kommen wir zum Grenzübergang Paulusbrunn (Pavluv Studenec) nach Bärnau.

4 km nördlich von Tachau schöner Landschaftsteich bei Pirkau (Březi), schließlich landen wir in Heiligenkreuz (Chodský Újezd), ehemaliges Egerlanddorf bester Qualität. Um die gedrungene Pfarrkirche scharen sich Bauernhäuser in Blockbauweise. Gut erhaltenes Bildstöckl aus dem Jahr 1680. Und am Friedhofsrand neben der Straße steht eine interessante Grabsäule von 1818.

Über Hinterkotten (Zadní Codov) erreichen wir die Hauptstraße bei Marienbad, die am Gaßnitzer Stausee (Jesenikka přehradní nádrž) – die Wassersportfreunde kommen hier auf ihre Kosten – direkt in die ehemals freie Reichs- und Stauferstadt Eger führt, Zentrum des Egerlandes mit prallgefüllten Geschichtsbüchern, darin haben wir schon eingangs geblättert, und unwahrscheinlicher künstlerischer und wirtschaftlicher Entwicklung. Kein Wunder, daß da die Herrschenden immer ihre machtgierigen Finger nach ihr ausstreckten.

Unweit des Stausees steht das von General Pattons Männern 1946 errichtete Mahnmal mit den Namen von 50 gefallenen amerikanischen Soldaten. Es ist das einzige Denk-

Blick auf Altsattl (Staré Sedlo)

Egerlandidylle in Turban (Borovany)

Tauchau (Tachov): Stadtbefestigung

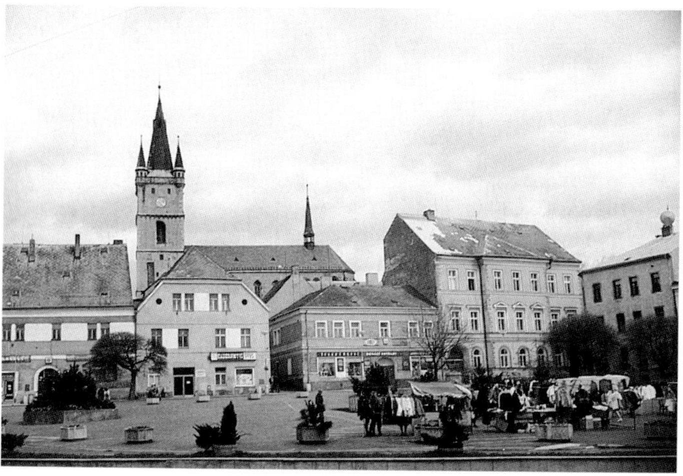

Tachauer Marktplatz mit Stadtpfarrkirche

Heiligenkreuz (Chodský Újezd)

mal der amerikanischen Armee, das nach 1948 nicht weggeräumt wurde, da es unter dem Schutz der US-Botschaft stand. Es war in den traurigen Jahren der Gewaltherrschaft ein Symbol der Freiheit und Hoffnung, bis 1989 allerdings streng bewacht!

Westlich von Hinterkotten über Broumau (Broumov) der Grenzübergang Mähring mit der Kapelle St. Anna und Aussichtsturm; eine phantastische Kulturarbeit des Heimatkreises Plan-Weseritz, die sich ein Refugium, ein Stück Heimat an der Nahtstelle zum Egerland schufen. Auch der Grenzlandturm bei Neualbenreuth war beliebtes Ausflugsziel, von dem sehnsuchtsvolle Blicke in die Heimat gingen. Überhaupt hatten es die Grenzlandfahrten den Egerländern angetan, als der „Eiserne Vorhang" heruntergerasselt war.

So aber können wir uns in aller Gelassenheit seelisch darauf vorbereiten, einen weiteren, berühmten Egerländer Wallfahrtsort zubesuchen: „Maria Loreto" auf dem „Heiligen Berg" bei Altkinsberg (Starý Hroznatov).

Frühbarocke Anlage nach Vorbild des Loretoheiligtums in Ancona in Italien mit 29 Kreuzwegstationen, geschaffen von den Egerer Jesuiten (1664–89) anstelle einer verfallenen protestantischen Kirche. Gedeckte Umgänge; vier Eckkapellen mit Zwiebeltürmen. Die Kreuzgewölbe sind mit Stuckornamenten verziert. Der Eingangsturm trug früher eine Doppelzwiebel. Im Arkadenhof die Loretokapelle mit dem berühmten Gnadenbild, das dem Vernichtungswahn entronnen ist, weil es im Egerer Dekanalamt aufbewahrt wurde.

Gegenüber dem Eingangsturm die Pfarrkirche Hl. Geist (1664/65), war ursprünglich Kapelle (1557).

Die Loretoanlage wurde geplündert, zerschossen und gesprengt. Unseliger Geist herrschte damals. Inzwischen sind die Dächer eingedeckt, die Muttergotteskapelle ist weitgehend renoviert. Treibende Kraft ist der Ing. Anton Hart aus

Altkinsberg (StarýHroznatov). Lavierte Filzstiftungzeichnung von Paul Günther

Neukinsberg, jetzt Waldsassen. Die Renovierung ist nunmehr abgeschlossen.
Von der romanischen Burg, erstmals 1217 genannt, ist im wesentlichen der „Schwarze Turm“ erhalten. In der Burg soll

Burg Altkinsberg

Hroznata von Guttenstein eingekerkert und an Hunger gestorben sein.
Gotischer Umbau. Renaissanceschloß abgebrannt (1648), gezündelt haben da wieder einmal die Schweden. Barocker An- und spätbarocker Umbau. Die Burg war anfänglich Reichslehen, und später zeitweilig böhmisches Kronlehen.
Unterhalb des Schlosses mit direktem Zugang die Dreifaltigkeitskirche, die einmal im Besitz der Egerer Jesuiten war. Ursprünglich romanisch, 1617 frühbarocker Umbau, um 1890 renoviert.
Landschaftlich sehr reizvolles Gebiet mit weitem Blick ins Egerland.

Die Kaiserpfalz Eger um 1500, Rekonstruktion von O. Schürer, nach dem Baubefund, archivalischen Quellen und älteren Abbildungen angefertigt vonW. Brosche

Eger (Cheb)

Schon in der Bronzezeit wurde in dieser geschichtlich hochinteressanten Gegend gesiedelt; die Aunjetizer Kulturgruppe hat entsprechende Spuren hinterlassen. Auf Resten keltischer und germanischer Wehranlagen entstand im 10. Jh. ein slawischer Burgwall, der Fundament für die Eger Burg (erstmals 1125 genannt) der Vohburger Markgrafen war. In deren Schutz siedelten Franken und Bayern, und legten damit den Grundstein für eine der einst größten und reichsten Städte Böhmens. Kaiser Friedrich I. ließ die Burg in großzügiger Weise zur Kaiserpfalz ausbauen und hielt dort drei Hoftage ab. Über Baubeginn und Bauende rätseln die Gelehrten. Man geht etwa von 1179 als Baubeginn aus, die Bauvollendung soll um 1190 liegen. Lassen wir die Gelehrten streiten und freuen uns über das einmalige Zeugnis staufischer Kaiserkunst in Böhmen. Die romantisch gotische Doppelkapelle ist ein Kunstwerk von europäischem Rang. Am 12. 7. 1213 erstmals erwähnt, als Friedrich II. jene Urkunde ausstellte, mit der er sich zur Wahrung der Rechte und Besitzungen der katholischen Kirche verpflichtete; Goldene Bulle! Vom romanischen Teil sind der Schwarze Turm, aus Buckelquadern fast quadratisch hoch aufgerichtet – als Baumaterial diente das Basaltgestein vom nahen Kammerbühl – und der Ostwall erhalten. Im Wirtschaftsgebäude am Palas wurden 1634 die Wallensteinischen Offiziere ermordet.

Vor dem Südtor der Stadt entstand eine große Judensiedlung. 1277 wurde Eger zusammen mit Regensburg zum ersten Male als Reichsstadt betitelt. Die Stadt gehörte kirchlich bis 1806 zum Bistum Regensburg, und erst ab 1807 zum Erzbistum Prag.

Der berühmteste Sohn der Stadt ist Balthasar Neumann, geboren 1687 als Sohn der Tuchmacherseheleute Hans

Eger (Cheb)

Drei Entwicklungsphasen: Burgdorf, Markt, Stadt lassen sich auch im Stadtplan von Eger deutlich erkennen.

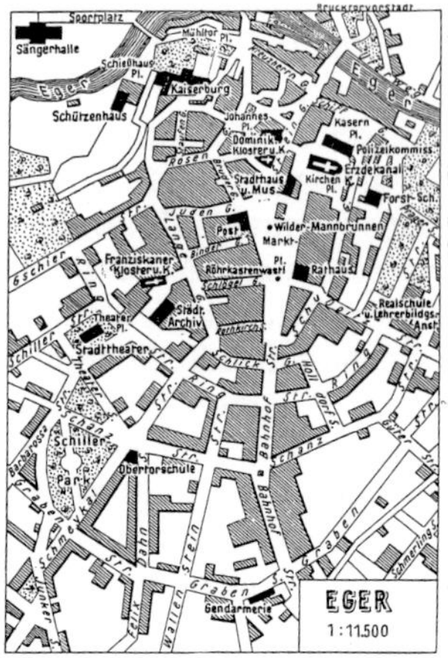

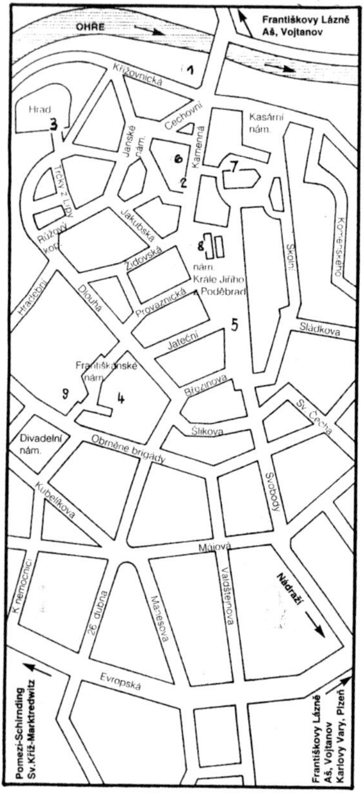

Lageplan

1. *Kirche St. Bartholomäus*
2. *Dominikanerkirche des hl. Wenzel*
3. *Kaiserpfalz*
4. *St.-Klara-Kirche (Ausstellungs- und Konzertraum*
5. *Marktplatz (König Georg von Poděbrad-Platz)*
6. *Bibliothek des Franziskaner Konvents*
7. *Stadtpfarrkirche St. Niklas*
8. *Egerer Stöckl*
9. *Franziskanerkirche*

Christoph und Rosina Neumann in der Schiffgasse 12. Getauft wurde er am 30. 1. in der Stadtpfarrkirche St. Niklas. Die leider durch Brand vernichtete barocke Doppelkuppelhelm des Südturms und die Glockenstuben dieser Kirche stammen von ihm. Die Spitzleistungen seiner weltmeisterlichen Barockkunst im Frankenlande sind wohl hinreichend bekannt. Die Freitreppe der Würzburger Residenz verdient aber trotzdem besondere Beachtung. Weniger bekannt dürfte vielleicht sein, daß er auch Pläne zum Umbau der Wiener Hofburg lieferte, die aber von Maria Theresia wegen der Rauferei mit Friedrich dem Großen um Schlesien nicht zur Ausführung kamen. „Böse Historikerzungen" behaupten, daß der „Alte Fritz" der eigentliche Schöpfer des tschechischen Staates sei, weil er durch die fast vollständige Wegnahme Schlesiens das ehemalige deutsche Übergewicht in erheblicher Weise zu Gunsten der Tschechen reduzierte.

Der geniale Baumeister starb am 19. 8. 1753 in Würzburg.

Eger beherbergte noch weitere berühmte Kunstschaffende, zum Beispiel die Barockbildhauer Eck, Leutner, Felßner und Stilp, Maler der gotischen und der Renaissancezeit, den Barockmaler Georg Adam Eberhard. Die Gold- und Schmiedekunst stand genauso hoch in Kurs wie die Glokkengießerhütte, die Zinngießer und die Orgelbauer. Näheren Aufschluß gibt der von Lorenz Schreiner herausgegebene Prachtband „Kunst in Eger" (Langen Müller).

Wie schon gesagt, die „Pilsner Schlüsse" wurden dem Friedländer, Albrecht von Waldstein (Wallenstein), zum Verhängnis. Am 25. 2. 1634 wurde er im Hause des Bürgermeisters Pachelbel, der wegen seines protestantischen Glaubens die Stadt verlassen mußte, vom irischen Rittmeister Walter Devereux ermordet. Ferdinand II. hatte Wallenstein des Hochverrates bezichtigt und befohlen, ihn tot oder lebendig gefangen zu nehmen.

Ein Egerer als mächtiger Gegenreformator

Gründer der berühmten Bibliothek in Strahov

Johannes Lohelius (eigentlich Lochal) kam 1544 in Wogau bei Eger als armer Fuhrknechtssohn auf die Welt. Seine Karriere als bedeutende politische und geistliche Persönlichkeit begann er 13jährig als Stallbursche im Stift Tepl und wurde Diener des Abtes Johannes Murregius, der offensichtlich sein Genie erkannte und entsprechend förderte. Das Gymnasium bestand er mit Bravour; ebenso gut spielte er die Orgel in der Stiftskirche, deren Organist er wurde. 1573 wurde er Prämonstratenser; 3 Jahre später wurde er zum Priester geweiht. Glänzender Prediger und Subprior des Stiftes Tepl.

Er bekehrte die Tepler Bürger wieder zum katholischen Glauben. Als Abt (1586) brachte er das Kloster Strahov bei Prag wieder auf die Höhe, und gründete die Bibliothek, die jetzt mit über 500 000 Bänden (Wiegendrucke, Handschriften, alte Landkarten) eine der bedeutendsten überhaupt ist. Mozart komponierte hier seine „Strahover Sonate"; der ausgedehnte Gebäudekomplex, 2 Kirchen, Bibliothek, sind allein schon eine Reise nach Prag wert! – Ein Jahr später wurde Lohelius zum Generalvikar seines Ordens für die kaiserlichen Erbländer berufen, und 1603 zum Weihbischof in Prag (wie auch ein anderer Egerländer, der letzter deutscher Weihbischof in Prag von 1930–1945 war: Dr. Johann Nepomuk Remiger, beigesetzt 1959 in der Bischofsgruft im Münchner Liebfrauendom).

1611 wurde Lohelius Koadjutor des Fürsterzbischofs Lamberg und 1612 dessen Nachfolger. Er baute den verwüsteten Veitsdom wieder auf, sorgte für neues geistliches Leben in ganz Böhmen, Rückgabe und Wiederaufbau zerstörten Kirchengutes und Gründung neuer Klöster in Budweis, Brüx und Raudnitz a. d. Elbe.

Plakat für die Wallenstein-Festspiele 1908 in Eger von Richard Teschner. Ostdeutsches Theaterarchiv der Künstlergilde, Esslingen

Johannes Sensenschmid, der Egerer „Gutenberg“
Sein Vater besaß ein Haus in der späteren Brucktorvorstadt. Um 1420 soll Johannes in Eger auf die Welt gekommen sein. Gestorben ist er 1491 in Bamberg. Zunächst wandte er sich nach Nürnberg (1470–1478) und begründete dort die Typografie. Es entstanden seine Deutsche Bibel, Meßbücher und juristische Werke. 1478 ging er nach Bamberg. Aus seiner Werkstatt kamen berühmte Chorbücher wie „Missale Bambergense“, „Missale ecclesia Ratisponensis“ und am 31. August 1487 das erste Meßbuch für die Diözese Freising, seit 1980 in der Bayerischen Staatsbibliothek in München zu bewundern, das „Missale Frisingense“. Weitere Wirkungsstätten waren Regensburg, Freising und vermutlich auch Dillingen a. Do.

Rudolf Serkin, Egerer Klaviervirtuose

Der große Pianist, der am 8. Mai 1991 in Guildford im US-Staat Vermont verstarb, wurde am 28. März 1903 in Eger geboren. Er studierte in Wien, traf mit Arnold Schönberg zusammen, und wurde 17jährig Begleiter des berühmten Geigers Adolf Busch. 1933 emigrierte Serkin und heiratete 2 Jahre später Buschs Tochter Irene. Später ging er nach Amerika, wo er mit Toscanini grandiose Klavierkonzerte von Beethoven und Brahms aufnahm, und mit Pablo Casals Beethovens Cello-Sonaten unvergleichlich expressiv spielte. Namhafte Kritiker apostophierten ihn als einen Künstler von vollkommener Reinheit.

Erste Wallensein-Festspiele

Das ehemalige Pachelbel- oder Stadthaus versteckt sich ein wenig hinter dem grandiosen Egerer Markenzeichen, dem Stöckl (Špaliček); elf gotische Häuser drängen sich hoch aufgestockt in malerischer Eintracht zu einem mit Fachwerkgiebeln und Erker verzierten Block zusammen. An der Rückseite das schmale Krämergäßchen. Das Stadthaus ist ein gotisches Patrizierhaus, dessen Hauptfassade im Stile der Renaissance umgebaut wurde. Prächtiges Stiegenhaus. Schöner Innenhof mit gotischen Elementen. In ihm Grabsteine aus aufgelassenen Egerer Friedhöfen. Stadtmuseum mit reichhaltigen Sammlungen einschließlich Wallensteinzimmer. Herausragendes Kunstwerk ist ein Antependium mit Glasperlenstickerei aus dem frühen 14. Jh.

Das Schicksal Wallensteins beeindruckte Friedrich von Schiller nachhaltig. 1791 weilte er am Ort des Geschehens und verfaßte seine berühmte Wallenstein-Trilogie. Aber auch den Franzensbader Sprudel ließ er sich schmecken und huldigte ihm.

1908 wurden erstmals, teilweise an den historischen Stätten, die Wallenstein-Festspiele aufgeführt, die zu einer Egerer Attraktion wurden. Er wohnte im ehemaligen „Juncker-Metternichschen-Haus“, jetzt Schillerhaus, rechter Hand vom neuen Rathaus, das 1723–28 nach Plänen von G. B. Alliprandi aus Verona erstellt worden ist.

Am unteren Marktplatz steht das Schirndinger Haus, ein gotisches Patrizierhaus aus dem 15. Jh.. Mehrstöckig gegliederter Stufengiebel mit Türmchen. Am Portal spätgotischer Krabbenschmuck. Im Hof zweigeschossiger Arkadengang mit Holzgalerie.

Links neben dem Schirndinger Haus das Gablerhaus mit feiner Rokokofassade. Gotische Durchgangshalle. Gotische Halle im 1. Stock in Rokoko umgestaltet. Gut erhaltenes spätgotisches Wandfresko im 2. Stock.

Der Marktplatz heißt heute König-Georg von Podiebrad-Platz (nám. krále Jiřího z Poděbrad). Unter seinem Königsmantel büßten die Egerländer nichts ein. Die Privilegien blieben erhalten. Dieser Böhmenkönig wurde wegen seiner utraquistischen Einstellung, darauf wurde ja schon im Kapitel „Pilsen“ verwiesen, mit dem Kirchenbann belegt. Und Eger traf dieser Bannstrahl im Jahre 1469 mit ziemlich unangenehmen Folgen. Die Egerer mußten sich darob auf dem Regensburger Reichstag des Jahres 1477 rechtfertigen.

An der Ecke Marktplatz/Judengasse stand das Gasthaus „Zur goldenen Sonne“, das Goethes bevorzugtes Quartier war, und das Werndlische Geschlechterhaus „Türkenkopf“. Nach Brand des Gasthauses wurden beide Häuser abgerissen und durch einen Prunkbau der altdeutschen Neurenaissance ersetzt (1884/85 von G. Wiedermann). Er enthielt: Hauptpost, Egerer Sparkasse und den Ratskeller.

Zwei Brunnen schmücken den Marktplatz. Am oberen Markt die Rolandsstatue (um 1591) als Sinnbild der freien Marktgerechtigkeit. Am Fuße der Figur zur linken ein Löwe

und zur rechten ein kleiner Gewappneter, in der linken Hand ein Schwert und in der rechten ein abgeschlagenes Haupt als Zeichen des Blutbannes und Halsgerichtsbarkeit der Stadt. Die Egerländer sagen zu diesem Roland „Wastl“ und ganz genau in Mundart: „Räi(h)akåst‘nwåstl“. Der „Wastl“ wurde anstelle einer älteren Holzfigur von 1528 durch Wolf Henff (oder Hampf) geschaffen. Und am unteren Markt steht der barocke Herkulesbrunnen (Wilder-Mann-Brunnen). Er ersetzt eine gefaßte Holzfigur aus dem Jahre 1580. Bleibt noch zu erwähnen, daß der Marktplatz vom Egerer Bauunternehmer Wilhelm Markgraf gepflastert wurde, der zusammen mit seinem Sohn Gerhard das bekannte Bayreuther Bauunternehmen gründete.
Im ehemaligen Gasthof „Zum schwarzen Bären“ (Hs. Nr. 32) tagte der selbständige Egerer Landtag, den Maria Theresia auflöste. Überhaupt banden die Habsburger schon um die Zeit des Dreißigjährigen Krieges das bis dorthin relativ unabhängige Egerland stärker an Böhmen. Im oberen Fassadenbereich tanzender Bär mit Schild, ließ Stadtarchivar Siegl anbringen. Das Gasthaus wurde 1698 zum ersten Egerer Postamt umfunktioniert. Das Nachbarhaus (Nr. 33) ist das ehemalige „Grünerhaus“, benannt nach Goethes Freund Rat Joseph Sebastian Grüner, der auch Mineraloge und Ethnologe, und im 19. Jh. Eigentümer dieses ursprünglich für die Familie Werndl (1713, vermutlich von Alliprandi beeinflußt) gebaute Haus war. Portal mit dem Wappen dieser Familie, die 1787 geadelt wurde. Goethe logierte öfters im Hause seines Freundes.
Die dominierende, aber sehr renovierungsbedürftige Erzdekanatskirche St. Niklas stammt aus romanischer Zeit, an die noch das Westportal und die unteren Geschosse der Osttürme erinnern. Frühgotischer Chor. Umbau in der zweiten Hälfte des 15. Jh. zur spätgotischen Hallenkirche. Beteiligt daran sollen die Meister Jorg und Erhart gewesen sein. Südliche Portalvorhalle mit spätgotischem Wimperg und

Rolandsbrunnen – „Wastl“ – am oberen Markt

Herkulesbrunnen (Wilder-Mann-Brunnen) am unteren Markt mit Neuem Rathaus

Fialen. Rechts davor auf kleiner Wiese stand früher der Schutzmantel- oder Marienaltar; jetzt abgerissen. Von der alten Innenausstattung blieb wenig übrig. Die ehedem auf grünem Grund gemalten Heiligenfiguren werden Meister Lucas aus Nürnberg zugeschrieben, auch Meister Hieronymus aus Eger war an der Gewölbemalerei beteiligt. Wände und Säulen bemalte Meister Erberhart aus Eger, der auch die Pfarrkirche in Marktredwitz ausmalte. Der Restaurierung von 1890 fielen diese unschätzbaren Kunstwerke weitgehend zum Opfer. An der Nordwand des Presbyteriums ein gotisches Sakramentshaus mit den Wappen der Grüner und Pachmann. Weiter erhalten blieb ein romanisch-spätgotischer Taufstein. Die Nürnberger Silbermonstranz aus dem 15. Jh. ist 108 cm hoch. Das Hochaltargemälde von Georg Adam Eberhard (1660) Die neugotischen Turmspitzen wurden gegen Ende des Zweiten Weltkrieges in Brand geschossen und durch einfache Pultdächer ersetzt.
In der Steingasse (Kamenná) nahe des Marktplatzes steht die Dominikanerkirche St. Wenzel (Kostel sv. Václav). Ursprünglich stand hier eine gotische Predigerkirche. Barokker Neubau von Abraham Leuthner (1674–88). Im Kloster Bibliotheksraum mit barocken Deckenfresken. Das Klostergebäude wurde zusammen mit einem Holzhaus im Anschluß an den Kirchenbau (1688–1720) von Leuthner und Burgler errichtet. Das herrliche Deckenfresko im Bibliotheksaal „König David empfängt die Königin von Saba“ wird Elias Dollhopf zugeschrieben. Am Ende der Steingasse die spätgotische St. Bartholomäus Kirche mit herrlichem Sternengewölbe und gotischer Wandmalerei. Aus früherer Zeit sind nurmehr die Umfassungsmauern erhalten. In dieser Kirche (Špitální kostel sv. Bartoloměje) ist eine ständige Ausstellung gotischer Plastiken. Wenzelskapelle wurde abgerissen.
Westlich vom Markt einer der idyllischsten und kunsthistorisch interessantesten Winkel von Eger, der Franziskaner-

Firguren der Kirchentreppe: links Erzengel St. Michael von P. A. Felsner, Mitte Maria Magdalena von J. G. Stilp und rechts Hl. Georg von P. A. Felsner (St. Niklas)

platz (Františkánské náměstí). Die Franziskanerkirche wurde nach dem Stadtbrand von 1270 wohl als bedeutendster Bau dieser Zeit erstellt. Dreischiffige Hallenkirche mit feinem Kreuzrippengewölbe auf schlanken Pfeilern. Eingeweiht 1285 durch den Bischof Heinrich von Regensburg im Beisein von Rudolf II. von Habsburg und zahlreichen Bischöfen, Herzögen und hoher Adeliger. Im selben Jahr wurde in der Kirche die Hochzeit von König Wenzel II. mit der Tochter von Rudolf II., Gutta, gefeiert. Hochgotischer Kreuzgang ist mit dem Franziskanerkloster verbunden. Im alten Säulengang ist die wertvolle Bibliothek des Konvents untergebracht. Der Klostergarten grenzt an die alte Stadtmauer. Gegenüber die Barockkirche St. Klara (Kostel sv. Kláry) von Christoph Dientzenhofer (1708–12). Das Ba-

Erzdekanatskirche St. Niklas

rockgewölbe ist eine geniale, richtungsweisende Architektur. Diese Kirche der Klarissinnen zählt zu den besten Barockkirchen Böhmens. Nach Aufhebung des Ordens wurde im ehemaligen Klostergebäude das Gefängnis und später das städtische Archiv untergebracht. Die Kirche wurde zum Magazin umfunktioniert; 1926 wurde sie zur Gedenkhalle der im Weltkrieg gefallenen Egerländer umgestaltet mit einem Monumentalfresko des Graslitzer Malers Franz Gruss, das 1945 übertüncht wurde. Heute dient der Kirchenbau als Konzert- und Ausstellungsraum.
Im Klostergarten war die rustikale Gastwirtschaft „Zum ewigen Licht“ zu Hause, in der die Sudetendeutsche Heimatfront, die nach Verbot dieses Namens Sudetendeutsche Partei hieß, gegründet wurde. Bis vor einigen Jahren wurde die Gaststätte als Jugendclub benutzt. Die Räumlichkeiten wurden um- und ausgebaut, so daß im Sommer

Portalvorhalle mit spätgotischen Wimperg und Fialen

Romanisch-spätgotischer Taufstein

Der Schwarze Turm der Kaiserpfalz; Zugang von der Staufengasse

Romanischer Palas

1992 das „Balthasar-Neumann-Haus“ als Begegnungsstätte zwischen den Egerländern und ihren Nachfahren eröffnet werden konnte. Ausstellungsraum und Vortragssaal und andere Einrichtungen stehen zur Verfügung. Das Haus ist auch Sitz der Euregio Egrensis mit Informationen, Kontakten, Koordination der Landkreise Eger, Karlsbad, Falkenau und Tachau.
Öffnungszeiten: Montag bis Freitag von 8 bis 16 Uhr.
Anschrift: Františkánské nám. 7, 35011 Eger (Cheb)
Telefon aus Deutschland: 0042/166/2 31 44
Telefax aus Deutschland: 0042/166/2 34 91.

Ein paar Meter nach Süden kommen wir zum Stadttheater (Divadlo v Chebu), 1873-74 nach Plänen von Vinzenz Prökl und Karl Haberzettl im Stile der Neurenaissance mit etwas antikem Einschlag direkt neben der Außenbefestigung des alten Obertores erbaut, 1926 durch Stadtbaurat Pascher erweitert. Innenausstattung durch den Darmstädter Lehnert und den Franzensbader Karl Johann Brömse; Ausstattungsstücke weitgehend importiert.
In der Nähe Turngarten und Obertorpark (Sady).
Jenseits der Eger stand die Sängerhalle auf der Brühlwiese (sportovni areál). Eine weitgespannte Holzkonstruktion auf verschraubten Lamellenbindern mit einem Fassungsvermögen von 10 000 Personen. 1935 in Erwartung des Sängerfestes errichtet. Nach 1945 abgebrochen. In ihr dirigierte der Berliner Komponist Paul Lincke eine seiner Operetten. „Berliner Luft“ wurde zusehends eisenhaltiger, und aus dem „Glühwürmchen“ ein feuerspeiender Riesendrachen, der auch Eger nicht verschonte.
Im Sommer 1944 griffen alliierte Bombengeschwader Viadukt, Flugplatz und Flugzeugwerk an. Und der Autor dieses Bandes hatte das zweifelhafte Vergnügen, als Flakhelfer mitten drin zu sitzen. Diesem ersten Angriff folgten bald mehrere. Im Flugzeugwerk wurde die Me 262 mit zwei Strahlturbinen produziert, die vor dem Start 10 Minuten lang

Romanisch-gotische Doppelkapelle

vorgewärmt wurden, dann schoß eine Stichflamme aus den Triebwerken nach hinten, und mit Wahnsinnsgeheul erhob sich der Stahlvogel in den Himmel. Beim Landen gab es immer wieder Schwierigkeiten, weil das Bugrad umknickte. Und jedesmal stiegen die Testpiloten fluchend aus der Kanzel. Im Deutschen Museum in München ist so ein Wundervogel ausgestellt.
Auch die Goldberggloriette am Bismarckhügel verfiel und verschwand von der schönen Aussichtsblickfläche. In den Fluten des Egerer Stausees versank die alte Inselromantik des Waldrestaurants „Mühlerl“ samt Stein-Brücke. Goethe würde da wohl der Schlag treffen, wenn er dieses Unheil sehen würde. Gerne ist er zum Jägerhaus (Siechenhaus) gewandert, um das herrliche Landschaftsbild in sich aufzunehmen. Er hat auch die Kaiserburg bis zum Dach durchstöbert. Gerne ließ er sich in einem Nachen die Eger hinab treiben.

Die Ortschaft Stein (Skalka) erreichen wir nunmehr über Franzensbad. Viel blieb von diesem Ort nicht übrig. Was noch steht ist die Egerwarte, die wir auf einem Steig durch den Beckerhof erreichen. Unseren Augen bietet sich der Grünberg dar, aber ohne die Wallfahrtskirche St. Anna, die der tschechischen Spitzhacke ebenso zum Opfer fiel wie der schöne Pfarrhof. Vom Aussichtsturm können wir das Fichtelgebirge bewundern. Dank der Initiative von Rudi Messering sind Friedhof und Kriegerdenkmal wieder im alten Glanz erstanden. Die kirchliche Weihe erfolgte am 26. Juli 1992 durch den Vorsitzer des sudetendeutschen Priesterwerkes Pater Norbert Schlegel OPräem.
Auch Goethe trieb sich da zusammen mit seinem Freund Rat Grüner herum. Sie fanden braunen Quarz, den sie „Egerländer Kuchenquarz" tauften.
Nun wandeln wir also wieder auf Goethes Spuren, so daß sich der Kreis allmählich schließt. Die nächste Station ist Mühlbach (Pomezí nad Ohři), ein am Fuße des Oberkun-

Johannisplatz (Janské nám.); ältester Platz von Eger

reuther Berges 448 m hoch gelegener Grenzort, der eine der ältesten Siedlungen des Egerlandes – nunmehr am Südufer des Steiner-Eger-Stausees (Skalka přehradní nádřz) – ist. Von der alten Pfarrkirche gibt es noch romanische und gotische Reste. Nun Barockkirche.

Nun kommen wir zum Grenzübergang Schirnding. In Schirnding wird seit über vierzig Jahren die alte Egerer Tradition mit dem „Birnsunta“ (Birnensonntag), dem Vinzenzifest, fortgesetzt. Von Goethe am 26. August 1821 in Eger beschrieben und damit literarisch verewigt. Er hat während seines Egerer Aufenthaltes von 1822 einen fünftägigen Abstecher nach dem Markt Redwitz gemacht.

Und in Marktredwitz, der ehemaligen Egerer Tochterstadt, lassen wir unsere Rundreise durch das schöne Egerland/Westböhmen ausklingen.

Kirche St. Klara von Christoph Dientzenhofer

Franziskanerkirche mit Kloster (Stadtarchiv)

Dominikanerkirche St. Wenzel in der Steingasse nahe dem Markt

Bibliotheksaal des Dominikanerklosters mit Fresko „Königin von Saba“ von Elias Dollhopf

Stadttheater

Steingasse (Kamenná) mit Zunftbrunnen

Westböhmen von A – Z

Anreise/Rückreise
Č S A Czechoslovak Airlines und Tatra Air haben Flugverbindungen nach Prag. Auskunft erteilt Čedok Reisen GmbH, Kaiserstraße 54, 60329 Frankfurt/M., Tel. 069/ 27 40 17-10 oder -22. Bleibt abzuwarten, ob Karlsbad an das Flugnetz angeschlossen wird. Auch die Deutsche Lufthansa fliegt nach Prag. Auskunft erteilen die Lufthansa-Büros. Büro in Prag: Phaha 1, Pařižská 28, Tel. 02/ 2 31 75 51

Bahnverbindungen
Von München fährt der EC Albert Einstein ab 14.08 (Änderung vorbehalten) direkt über Furth i. W. nach Taus, Pilsen und Prag. Über Furth i. W. kommen auch Züge aus Zürich und Nürnberg. Über Schirnding – Eger fahren die Züge aus Paris, Stuttgart, Frankfurt/M. und Nürnberg nach Marienbad, Pilsen und Prag.
Über Bad Brambach – Voitersreuth Züge aus der Plauener Richtung nach Franzensbad, Eger oder Karlsbad.
Und die Lokalbahn von Bayerisch Eisenstein nach Markt Eisenstein in den Böhmerwald.
Zugauskünfte erteilen größere Bahnhöfe auch telefonisch.
Busfahrten ins Bäderdreieck oder nach Pilsen organisieren inzwischen größere Reisebüros. Internationaler Linienverkehr: Frankfurt/M., Würzburg, Nürnberg, Pilsen und Prag. Nähere Information durch Čedok Reisen Frankfurt/M.

Allein schon durch sich zwangsläufig ergebende Veränderungen bleibt eine Produkthaftung ausgeschlossen und ist eine Gewährsübernahme nicht möglich. Wir bitten um Verständnis!

Grenzübergänge für PKW

Bayern

Bayerisch Eisenstein – Markt Eisenstein (Železná Ruda)
Eschlkam – Neumarkt (Všeruby)
Eslarn – Eisendorf (Železná) – nur örtlicher PKW-Verkehr –
Furth i. W. – Vollmau (Folmava)
Mähring – Promenhof (Broumov)
Philippsreut – Kuschwarda (Strážný) – Richtung Winterberg
Schirnding – Mühlbach (Pomezí)
Selb – Asch (Aš)
Waidhaus – Roßhaupt (Rozvadov)
Waldmünchen – Haselbach (Lísková)
Waldsassen – Heiligenkreuz (Švatý Kříž)
– neu ab 1. 11. 1993 –
Rittersteig – St. Katharina (Sv. Kateřina) – Richtung Neuern

Sachsen

Johanngeorgenstadt – Breitenbach (Potůcký) – Richtung Bergstadt Platten
Oberwiesenthal – Gottesgab (Boží Dar)
Schönberg – Voitersreuth (Vojtanov) – von Bad Brambach nach Franzensbad

Ausweise

Personalausweis oder Reisepaß. Personen unter 16 Jahren Kinderpaß mit Lichtbild ab 4 Jahren, es sei denn, Kinder sind im Elternpaß eingetragen. Für das Auto Führer- und Fahrzeugschein. Bei Schadensfällen grüne Versicherungskarte nötig. Nationaler Führerschein genügt. Höchstgeschwindigkeit innerhalb geschlossener Ortschaften 60 km, außerhalb 90 km, auf Autobahnen 110 km. Motorräder und PKW mit Anhänger 90 km (auch auf Autobahnen). Vor Bahnübergängen Tempolimit von 30 km. Anschnallpflicht ab einer Körpergröße von 150 cm. Es besteht absolutes

Alkoholverbot. Bei Pannen hilft die Straßenwacht, über Polizeinotruf 158 erreichbar, oder direkt unter 154. Notarztruf 155, Feuerwehrnummer 150. Oder Automobilclub UAMK Tel. 0123, Autoclub Bohemía Assistance (ABA) Tel 0124.
Kraftstoff: Spezial 90, Bleifrei 95 und Super 96 Oktan, Preis 17 – 22 Kč.
Autobahngebühr (Vignette) ist inzwischen zu entrichten, Preis: Kč 400,– pro Jahr.

Neu ab 1. Januar 1995:

1. Wanderwege und Nutzungsarten

Bezeichnung	Grenz-abschnitt	Grenzschnittpunkt	Nutzungsarten Bemerkung
Niederbayern, Lkr. Freyung-Grafenau			
Dreisessel/Tristolicnik-Novi Udoli/Neuthal	XII	Zwischen dem Hauptstein und dem Dreiländergrenzzeichen	Fußwanderer. Der Wanderweg verläuft vom Hauptstein 13 bis zum Dreiländergrenzzeichen entlang der durch die Hauptsteine 14, 15, 16 und 17 markierten Grenzlinie
Niederbayern, Lkr. Freyung-Grafenau			
Finsterau-Bucina/Buchwald	XI	Zwischen den Hauptsteinen 9 und 10	Fuß-, Rad- und Skiwanderer
Niederbayern, Lkr. Regen			
Bayerisch Eisenstein-Zelezna Ruda/Markt Eisenstein	X	Am Hauptstein 3	Fuß- und Radwanderer*) sowie Krankenstuhlfahrer**)

Oberpfalz, Lkr. Cham			
Großer Osser – Ostry	IX	Zwischen dem Zwischenstein 22/15 und dem Zwischenstein 23/6	Fußwanderer
Oberpfalz, Lkr. Cham			
Dreiwappen – Triznaky	VIII	Am Hauptstein 13	Fuß- und Skiwanderer
Oberpfalz, Lkr. Schwandorf			
Stadlern – Rybnik/ Waier	VII	Zwischen den Hauptsteinen 11 und 12	Fuß-, Rad-*) und Skiwanderer sowie Krankenstuhlfahrer**)
Oberpfalz, Lkr. Schwandorf			
Friedrichshäng-Ples/ Plöß	VII	Zwischen den Abschnittsstein VII/1 und dem Hauptstein 2	Fuß-, Rad- und Skiwanderer sowie Krankenstuhlfahrer
Oberpfalz, Lkr. Neustadt a. d. Waldnaab			
Waldheim – Predni Zahaji/Vorder-Waldheim	V	Zwischen den Hauptsteinen 20 und 21	Fuß-, Rad- und Skiwanderer sowie Krankenstuhlfahrer
Oberpfalz, Lkr. Tirschenreuth			
Neualbenreuth – Mytina/Altalbenreuth	IV	Zwischen dem Abschnittsstein IV/1 und dem Hauptstein 2	Fuß- und Radwanderer

*) auch elektrisch betriebene Fahrräder, bauartbedingte Höchstgeschwindigkeit 20 km/h, Leistung nicht mehr als 0,5 kW

**) Krankenfahrstühle mit Verbrennungsmotoren sind nicht zugelassen

2. Öffnungszeiten

Die Überschreitung der Staatsgrenze auf den unter Nummer 1 aufgeführten Wanderwegen ist in der Regel täglich von 6.00 Uhr bis 22.00 Uhr in der Zeit vom 1. April bis 30. September und von 8.00 Uhr bis 18.00 Uhr in der Zeit vom 1. Oktober bis 31. März zulässig.

Auf dem Wanderweg Finsterau–Bucina/Buchwald ist der Grenzübertritt täglich von 6.00 Uhr bis 20.00 Uhr in der Zeit vom 1. April bis 30. September und von 8.00 Uhr bis 17.00 Uhr in der Zeit vom 1. Oktober bis 31. März zulässig.

Auf dem Wanderweg Großer Osser–Ostry ist der Grenzübertritt täglich von 6..00 Uhr bis 22.00 Uhr in der Zeit vom 1. Mai bis 30. September und von 8.00 Uhr bis 18.00 Uhr in der Zeit vom 1. Oktober bis 31. Oktober zulässig.

Auf dem Wanderweg Dreisessel/Tristolicnik-Novi Udoli/Neuthal ist der Grenzübertritt täglich von 6.00 Uhr bis 22.00 Uhr in der Zeit vom 1. Oktober bis 31. Oktober zulässig.

Auf dem Wanderweg Waldheim–Predni Zahaji/Vorder-Waldheim ist der Grenzübertritt täglich von 6.00 Uhr bis 22.00 Uhr in der Zeit vom 1. Juli bis 30. September und von 8.00 Uhr bis 18.00 Uhr in der Zeit vom 1. Oktober bis 15. März zulässig.

Übertrittsberechtigte:

Angehörige der Bundesrepublik Deutschland und der Tschechischen Republik sowie Angehörige von Drittstaaten, die in keinem der beiden Staaten und in keinem der Mitgliedsstaaten der Europäischen Union der Visumspflicht unterliegen, wenn sie ein gültiges Grenzübertrittsdokument mitführen. Der Aufenthalt in der Grenzzone ist bis zu 7 Tagen gestattet, die Weiterreise über die Grenzzone hinaus ist nicht erlaubt.

Wichtigste Zollhinweise:
Beim Grenzübertritt dürfen nur Waren ohne kommerziellen Charakter mitgeführt werden, die von den übertrittsberechtigten Personen anläßlich der Reise und des aufenthalts in der Grenzzone ausschließlich zum persönlichen Ge- oder Verbrauch oder als einfache Berufsausrüstung zur vorübergehenden Verwendung ein- und ausgeführt werden.

Die Verhandlungen über neue Wanderwege zwischen Bayern und Böhmen werden fortgesetzt. Weitere sechs Wanderwege zwischen Bayern und Böhmen wurden seit 1. März 1996 eröffnet.
Die bis jetzt eröffneten grenzüberschreitenden Wanderwege befinden sich zwischen: Hammermühle und Liebenstein (Liba), Hatzenreuth und Altkinsberg (Stary Hroznatov), Neualbenreuth und Altalbenreuth (Mytina), Kreuzstein und Krizovy Kamen, Waldheim und Vorder-Waldheim (Predni Zahaji), Friedrichshäng und Plöß (Ples), Stadlern und Waier (Rybnik), Dreiwappen und Triznaki, Hochstraße und Schafberg (Ovcivrch), Hofberg und Vorderflecken (Fleky), Großer Osser und Ostry, Bayerisch Eisenstein und Markt Eisenstein (Zelena Ruda), Ferdinandsthal und Deffernik (Debrnik), Finsterau und Buchwald (Bucina) sowie zwischen Dreisessel und Neuthal (Tristolicnik-Nove Udoli).

Zollbestimmungen

Einfuhr

Die zum persönlichen Bedarf des Reisenden eingeführten Gebrauchsgegenstände, sofern deren Art und Menge dem Stand und den Verhältnissen der Person entsprechen, werden vom Grenzzollamt für einen Umlauf in der Tschechischen Republik, jedoch längstens für ein Jahr, freigelassen. Hochwertige Gegenstände wie Kameras, Videogeräte, Notebooks u. ä. müssen wieder ausgeführt werden. Die Einfuhr von Jagdwaffen mit Munition, bis zu 1000 Schrotpatronen und 50 Stück Kugelmunition, ist nur auf Grund des Waffengeleitscheines möglich, der auch mittels ČEDOK REISEN GmbH erhältlich ist. Es liegt im Interesse des Reisenden, sich die Einfuhr von Wertsachen durch die Einreise-Grenzzollstelle bestätigen zu lassen. Die in der Tschechischen Republik im Reiseverkehr eingeführten und für die Verwandten und Bekannten bestimmten Geschenke werden vom Zollamt freigelassen, wenn ihr Wert die Höhe von 3000,– Kčs pro Person nicht überschreitet.

Verboten ist die Ein- und Ausfuhr von tschechischem Geld.

Ausfuhr

Bei der Ausreise läßt das Zollamt ohne Ausfuhrgenehmigung nachstehend aufgeführte Sachen frei wie folgt:

Reisebedarf in einer dem Gebrauch des Reisenden angemessenen Menge, jedoch höchstens 2 Liter Wein. 1 Liter Spirituosen und 250 Stück Zigaretten oder entsprechende Menge von anderen Tabakerzeugnissen:

Sachen, die in der Tschechischen Republik erworben wurden, wenn ihr Gesamtpreis die Summe von 1000,– Kčs nicht übersteigt (mit Ausnahme von weiter angeführten und ausfuhrverbotenen Sachen):

alle Waren (inkl. Antiquitäten), die nachweislich in den Geschäftsstellen der Tuzek oder Artia gegen Zahlung in aus-

ländischen Devisen gekauft worden sind (Beleg bitte aufbewahren):
geschliffenes Glas, Porzellan, Souveniers oder andere Geschenke, wenn ihr Gesamtwert nicht im Mißverhältnis zwischen der Summe der offiziell gewechselten Zahlungsmittel und den angemessenen Aufenthaltskosten in der Tchechischen Republik steht. Als Beweis über solche Kosten wird auch eine Hotelquittung oder ein Beleg über die Bezahlung des Aufenthaltes im Reisebüro anerkannt.
In den übrigen Fällen wird die Warenausfuhr nur auf Grund der Zollgenehmigung bewilligt, für deren Erteilung eine Gebühr in der Höhe von drei bis zu 150 Prozent des Warenpreises erhoben wird. Wird zur Ausfuhr einiger Warensorten eine Genehmigung nach anderen z. B. veterinären Vorschriften benötigt, ist der Reisende verpflichtet, sich diese Genehmigung vorher zu beschaffen.
Die Ausfuhr von einigen Gegenständen ist nur mit einer Ausfuhrgenehmigung und nach Bezahlung einer bestimmten Gebühr möglich. Die Liste dieser Gegenstände sowie derjenigen, deren Ausfuhr verboten ist, steht an jedem Grenzübergang zur Verfügung.
Für evtl. Veränderungen keine Gewährsübernahme.
Nähe Auskünfte erteilen die tschechischen Zollbehörden und Čedok.

Siehe auch „Wichtigste Zollhinweise“ beim Kapitel „Wanderwege und Nutzungsarten“.

Behörden

Botschaft der Bundesrepublik Deutschland in der Tschechischen Republik: Vlašká 19, 12560 Praha 1, Malá Strana
Tel. 02/53 23 51-5
Fax 53 12 31

Botschaften der Tschechischen Republik in der Bundesrepublik Deutschland
Ferdinandstraße 27, 53127 Bonn
Tel. 02 28/9 19 70
in Österreich
Penziger Straße 11–13, 1140 Wien
Tel. 01/8 94 62 36
in der Schweiz
Muristraße 53, 3006 Bern
Tel. 031/44 36 45

Botschaft der Republik Österreich in der Tschechischen Republik: Ulice Viktora Huga 10, Praha 5 (Smíchov)
Tel. 02/54 65 57

Botschaft der Schweiz in der Tschechischen Republik:
Pevnostní 7, Praha 6 (Střešovice)
Tel. 02/32 04 06

Straßenservice (Gelbe Engel) Zentrale:
Opletalova 21, Praha 1,
Tel. 02/22 49 06

Polizeinotruf – wie schon erwähnt –: 158

Elektrischer Strom

220 Volt Wechselstrom. Den Elektrorasierer kann man also getrost mitnehmen. Mag sein, daß mal eine Steckdose defekt ist. Wo passiert dies nicht?

Essen und Trinken

Böhmischer Sauerbraten ist schon sehr lecker, aber auch kalorienreich. War auch eine Egerländer Spezialität, vor allem, wenn sie Mama zubereitete. War ja schließlich vom Fach. In die Soße kamen Mandeln, Weinbeeren, Lebkuchen und was weiß ich noch alles. Die Mehlknödel müssen locker, zart sein ... guten Appetit! Dazu noch einen Rotwein aus Modern (Modra), ist die größte Winzergemeinde der Kleinen Karpaten (Slowakei). Ein Egerländer Nationalgericht, auch bei den Tschechen zu Hause, Schweinsbraten, Sauerkraut und Knödel aus rohen Kartoffeln. Dazu ein dunkles Bier der Egerer Aktienbrauerei. Budweiser und Pilsner sind ja hinreichend bekannt. Landbrauereien bringen ebenfalls ein ganz vorzügliches Bier auf den Tisch. Und die Weißweine aus Mähren haben hervorragende Qualität. Mehlknödel, überhaupt Knödeln, gibt es in vielen Varianten, auch aus gekochten Kartoffeln, gefüllt mit Zwetschgen oder Aprikosen oder anderem Obst, gekocht oder gebacken. Geflügel, Wild, Fisch, vor allem der Karpfen wird speziell behandelt; nach altem Rezept gebacken ist er eine Spezialität! Ebenso die Kuttelnsuppe! (Heute wohl nicht mehr zu empfehlen!) Kartoffelsuppe mit Pilzen. Bauernsuppe. Fischsuppe mit Karpfenrogen.

Der Tisch ist reichlich gedeckt.

Noch ein Nachtisch gefällig? Kolatschen oder Liwanzen? Und die Powidltaschgerln hat Peter Alexander schon längst besungen. Die Franzensbader, Karlsbader und Marienbader Oblaten sind auch nicht zu verachten.

Sollte uns von der Völlerei schlecht werden, hilft die 13. Heilquelle von Karlsbad: der Becherbitter, den es auch als Likör mit etwas milderem Geschmack gibt. Es werden auch aromatisches Zwetschgenwasser und Wacholderschnaps serviert, ebenso Getränke aller Art.

Inzwischen hat sich die Gastronomie auf deutsche Besucher eingestellt und legt tschechisch-deutsche Getränke- und Speisenkraten auf, leider nicht überall!

Feiertage/Feste

1. Januar (Neujahr)
Ostermontag
1. Mai (Tag der Arbeit)
8. Mai (Tag der Befreiung)
5. Juli (Tag der Hl. Kyrillos und Methodis)
6. Juli (Märtyrertod des Jan Hus)
28. Oktober (Tag der Republik)
24., 25. und 26. Dezember (Weihnachten)

Mitte August (Fest der Choden mit Trachten, Volkstänzen und Dudelsackspiel in Taus)
Mitte September (Hopfenpflückerfest in Saaz)
Als Folge der grenzüberschreitenden Begegnungen (bislang wurden in Tschechien von seiten der Sudetendeutschen 14 Begegnungszentren – und es werde immer mehr! – eingerichtet) werden sicher Aktivitäten entwickelt, die alte Volksbräuche im Egerland wieder aufleben lassen, zum Beispiel das Vinzenzifest in Eger.

Fotografieren

Inzwischen füllen sich die Regale mit deutschem Filmmaterial. Ratsam bleibt es doch, eigene Filme mitzunehmen. Viele Fotografierverbote sind inzwischen aufgehoben, vor allem was militärische Interessen betraf. In Museen und anderen Kulturstätten müssen entsprechende Hinweisschilder beachtet werden.

Geld

Das liebe Geld. Deutsche haben es aufgrund des guten Wechselkurses – im Schnitt für etwa 6,00 DM bekommt man 100 tschechische Kronen; Kursänderungen wird es sicher geben! – relativ leicht, gut in Tschechien zu leben. Ein wenig Neid kann da schon entstehen; wer mag dies verdenken! In Touristikzentren haben die Preise bereits etwas angezogen.
1 Krone (Koruna, Kč) hat 100 Heller (Haléřů, h).
Folgende Banknoten sind im Umlauf: 1000, 500, 100, 50, 20 und 10 Kč.
Hartgeld in Werten: 10, 5, 2, 1, 0,50, 0,20 und 0,10 Kč.
Angenommen werden derzeit folgende Kreditkarten: American Express, Diners Club, Carte Blanche, Eurocard, Master Card, Access, Bank Americards-VISA und JCB. Das Kontingent wird sich sicher noch erhöhen. Bisher hat nur die Staatsbank Euroschecks eingelöst.

Geldwechsel

Gleich nach dem Grenzübertritt kann man in Wechselstuben Geld umtauschen, wie auch in allen größeren Orten. Bankschalter stehen ebenfalls zur Verfügung. Auch an deutschen Bankschaltern können tschechische Kronen gekauft werden; allerdings ist es verboten, sie in die Tschechische Republik einzuführen.

Informationen

Hauptinformant ist das ČEDOK Reisebüro in Frankfurt. In Berlin residiert es am Strausberger Platz 8/9
Tel. 030/4 39 44 13, 4 39 41 35

Weitere Čedok-Büros
Parkring 12, A-1010 Wien
Tel. 01 oder 02 22/5 13 26 09, 5 12 01 99, 5 12 43 72

Uraniastraße 34/2, Ch-8025 Zürich
Tel. 01/2 11 42 45, 2 11 49 42

Eger, Třida 1, máje 31, 350 99 Cheb
Tel. 01 66/3 23 37

Taus, Náměstí Míru 129, 345 34 Domažlice
Tel. 01 89/27 13

Franzensbad, Národní 5, 351 01 Františkovy Lázně
Tel. 01 66/94 22 09, 94 22 10

Karlsbad, Karla IV. 1, 360 34 Karlovy Vary
Tel. 017/2 78 37, 2 43 78

Klattau, Náměstí Míru 171, 339 68 Klatovy
Tel. 01 86/2 04 52

Marienbad, Hlavní třída 48, 353 01 Mariánké Lázně
Tel. 01 65/31 59, 22 54

Pilsen, Prešovská 10, 303 21 Plzeň
Tel. 019/3 66 48, 3 74 19

Falkenau, Rooseveltova 10, 356 24 Sokolov
Tel. 01 68/2 27 51

Tachau, Náměstí Republiky 11, 347 01 Tachov
Tel. 01 84/24 12, 24 11

Bäderdirektionen
Franzensbad, Jirákova 17, 351 01 Františkovy Lázně
Tel. 01 66/94 29 70

St. Joachimsthal, 362 51 Jáchymov
Tel. 01 64/91 12 08

Karlsbad, Mlýnská 1, 360 90 Karlovy Vary
Tel. 017/2 54 01

Konstantinsbad, 349 52 Konstantinovy Lázně
Tel. 01 83/9 44 20, 9 44 36

Marienbad, Masarykova 22, 353 01 Mariánké Lázně
Tel. 01 65/30 61

– Änderungen, vor allem bei Telefonanschlüssen, vorbehalten –

Medien
Deutsche Zeitungen und Zeitschriften haben längst Fuß gefaßt.
So mancher Medienzar hat in Tschechien in erheblicher Weise investiert, was ja schon zu politischen Konsequenzen führte.
Nach wie vor ist „Rudé Právo“ – einst dunkelrot , was blieb von dieser Farbe übrig? – die größte Prager Zeitung. Da gibt es noch die „Ladá Fronta Dnes“ und die deutschsprachigen Blätter: Prager Zeitung, Prager Volkszeitung und Prager Wochenblatt.

Medizin, Versorgung
Bei Unfällen oder plötzlichen Erkrankungen stehen dem ausländischen Gast alle Ambulatorien, Kliniken, Krankenhäuser und niedergelassene Ärzte zur Verfügung. Die ärztliche Versorgung entspricht unserem Standard. Zum großen Teil wird deutsch und auch englisch gesprochen. In den Apotheken (Lékárna) und Kliniken (Klinika) sind die nötigen Arzneien erhältlich. Unbenommen bleibt, seine Hausmedikamente mitzunehmen.

Öffnungszeiten

Museen, Gemäldegalerien, Burgen und Schlösser können im allgemeinen von Dienstag bis Sonntag von 9.00 bis 17.00 Uhr besucht werden, montags ist geschlossen. Die meisten Burgen und Schlösser sind von November bis März nicht zugänglich. An den auf gesetzlichen Feiertagen folgenden Tagen ist gleichfalls geschlossen.
Banken haben nur montags bis freitags von 9.00 bis 14.00 Uhr geöffnet.
Wechselstuben in Interhotels sind tagsüber offen.
Geschäfte haben unterschiedliche Schließzeiten. Üblich: 7, 9 – 18 Uhr von Montag bis Freitag, Samstag 7 – 12 Uhr (einige auch Sonntag von 13 – 18 Uhr). In kleineren Städten wird eine Mittagspause eingehalten.

Post

Notrufe – ohne Vorwahl – wurden schon aufgeführt.
Internationale Vorwahlnummern (die 0 der Ortsvorwahlnummern entfällt!):
Deutschland 0049
Österreich 0043
Schweiz 0041
Von Deutschland nach Tschechien 0042
Für Telefonautomaten benötigt man Münzen von 1 Kčs. Telefonkarten gibt es in Tabakläden (tabäk). Für Auslandsgespräche empfiehlt sich, vom Postamt oder Hotel anzurufen.
Porto: Ansichtskarte 5 Kčs, Brief 8 Kčs in alle westeuropäischen Länder.

Shopping

Moserglas hat seinen Preis, ebenso das „Weiße Gold aus Böhmen", nämlich feine Porzellanwaren. Davon kann man sich in der Moser-Glashütte in Meierhöfen und auch im Ausstellungsraum der Porzellanfachschule in Fischern

überzeugen. Die Preisschilder in den frischpolierten Auslagen auf der Alten Wiese in Karlsbad geben davon Zeugnis. Ein Sprudelbecher hingegen ist da weitaus billiger. Auch wird aus Sprudelstein allerhand geformt; sind schöne Mitbringsel. Trotzdem gibt es etwas abseits der Touristenströme noch preiswerte Angebote an Glas und Porzellan, das Qualität besitzt. Man muß die Augen offen halten. Und es kommt durchaus vor, daß man auf dem Lande einer Keramikwerkstatt begegnet, deren kunsthandwerkliche Fähigkeiten beachtlich sind. So zum Beispiel in einem alten Egerländer Bauernhof in Rohr (Soos) bei Franzensbad. In Seitenstraßen kann man noch auf kleine Läden stoßen, die sehr günstige Preisangebote von wertvollen Gläsern haben. Wunderbare Spitzenklöppelarbeiten, vor allem Richtung Erzgebirge, sind ebenfalls begehrte Kaufobjekte. Besonders günstig angeboten werden Kunstbücher. Nach Kunstgegenständen kann man die Galerien durchstöbern und zu relativ günstigen Preisen fündig werden. Bei einer Brockoff-Figur wird allerdings eine Ausfuhrgenehmigung des zuständigen Ministeriums erforderlich sein. Sonst gelten die Kassenbelege als Ausfuhrgenehmigung unter gewissen Voraussetzungen (siehe Zollbestimmungen!).
Karlsbader Becherbitter und Oblaten nehmen wohl die meisten mit; schmecken köstlich! Böhmisches Bier auch, ebenso südmährische und slowakische Weine!
Bijouterie, Schuhe und andere Lederwaren werden gerne gekauft.
Prager Schinken, Znaimer Gurken sind (das Angebot ist reichhaltig!) Delikatessen.
Ein Einkaufsbummel lohnt sich.

Sprache

Kleines Wörterbuch

Ein paar Worte in tschechisch, in Klammern slowakisch, soweit es Abweichungen gibt. Lange Vokale haben einen Akzent (á é) mit einer Ausnahme: Im Tschechischen trägt das U ein Ringchen. Ein Häkchen auf dem Buchstaben (pětpjet- = fünf) mischt ein wenig ein „j" und bei ř oder ž ein „sch" bei. Einen Sprachkurs können diese Hinweise natürlich nicht ersetzen. Trotzdem viel Spaß beim Tschechischsprechen!

Tschechisch (Slowakisch) – Deutsch

Zeit

den = Tag
týden (týždeň) = Woche
ráno = Morgen
poledne = Mittag
dopoledne = Vormittag
odpoledne = Nachmittag
večer = Abend
noc = Nacht
hodina = Stunde
čtvrt = viertel
pul (pol) = halb
třičtvrtě = dreiviertel
Předivčírem = vorgestern
včera = gestern
dnes = heute
zítra (zajtra) = morgen
pozítří (pozajtra) = übermorgen

Richtung

vlevo (vl'avo) = links
vpravo = rechts
přímo = geradeaus
zpět = zurück
obrácené (opačne) = umgekehrt
kraj = Rand
roh = Ecke
předni = vordere
zadni = hintere

Monate, Tage und Jahreszeiten

leden (január) = Januar
únor (február) = Februar
březen (marec) = März
duben (april) = April
květen (máj) = Mai
červen (jún) = Juni
červenec (júl) = Juli
srpen (august) = August
září (september) = September
říjen (október) = Oktober

listopad (november) = November
prosinec (december) = Dezember
neděle = Sonntag
pondělí = Montag
uterý = Dienstag
středa = Mittwoch
čtvrtek = Donnerstag
pátek = Freitag
sobota = Samstag
jaro = Frühling
Léto = Sommer
podzim (jesen) = Herbst
zima = Winter

Zahlen
jeden = eins
dva = zwei
tři = drei
čtyři = vier
pět = fünf
šest = sechs
sedm = sieben
osm = acht
devět = neun
deset = zehn
jedenáct = elf
dvanáct = zwölf
třináct = dreizehn
čtrnáct = vierzehn
patnáct = fünfzehn
dvacet = zwanzig
třicet = dreißig
čtyřicet = vierzig
padesát = fünfzig
šedesát = sechzig
sedmdesát = siebzig
osmdesát = achtzig
devadesát = neunzig
sto = hundert
dvěstě = zweihundert
třista = dreihundert
čtyřista = vierhundert
pětset = fünfhundert
šestset = sechshundert
tisic = tausend
dvatisíce = zweitausend
desettisic = zehntausend
milion = Million

Speisen und Getränke
snídaně (raňajky) = Frühstück
svačina (deslata) = Vesper
oběd = Mittagessen
večeře = Abendessen
předkrm = Vorspeise
polěvka = Suppe
hotová jídla = Fertigspeisen
Jídla na objednávku = Speisen auf Bestellung
saláty = Salate
kompoty = Kompotte
nápoje = Getränke
voda = Wasser
pivo = Bier
vino = Wein
likéry = Liköre
mošt (mušt) = Most

sodovka = Sodawasser
minerálka = Mineralwasser
káva = Kaffee
mléko = Milch
bílá káva = weißer Kaffee (Milchkaffee)
černá káva = schwarzer Kaffee
čaj = Tee
chléb = Brot
pečlvo = Gebäck
moučnik = Mehlspeise
dort (torta) = Torte
koláč = Kuchen
buchta = Buchtel
hovězi polévka = Rindfleischsuppe
bílá polévka = weiße Suppe
zelenina = Gemüse
zelí (kapusta) = Kraut
kapusta (kel) = Kohl
mrkev = gelbe Rüben (Möhren)
celer = Sellerie
chřest (špargl'a) = Spargel
ovoce = Obst
telecí maso = Kalbfleisch
hovězí maso = Rindfleisch
vepřové (bravčové) maso = Schweinefleisch
skopové (baranie) maso = Schaf-, Hammelfleisch
uzené (udení) maso = Rauchfleisch
drubež (hydina) = Geflügel
kuře = Hähnchen
krocan (Moriak) = Truthahn
slepice = Henne
husa = Gans
Kachna (kačica) = Ente
zvěřina = Wild
zajío = Hase
srnec = Rehbock
jelen = Hirsch
bažant = Fasan
knedlíky = Knödel
brambory (zemiaky) = Kartoffel
rýže = Reis
sý r = Käse
vejce = Eier
máslo = Butter
džem = Marmelade
med = Honig
hospoda, hostinec, restaurace = Gasthaus, Gaststätte, Restaurant

Unterkunft

jednolužkový -pokoj (jednopostel'ová izba) = Einbettzimmer
dvoulužkový -pokoj (dvojpostel'ová izba) = Zweibettzimmer
koupelna = Badezimmer
zpropitné (prepitné) = Trinkgeld
klič = Schlüssel
prádlo (bielizeň) = Wäsche

polštář (podhlavnik) = Kopfkissen
pokojská; (chyžná) = Zimmermädchen
přikrývka = Decke
záchod = Toilette

Taxi
Leihwagen sind relativ teuer, Taxis wesentlich preiswerter. Taxistände hat jeder Kurort und jede Stadt, die auf sich hält. Richtpreise: 6 Kčs Grundgebühr, 3,40 Kčs für den gefahrenen Kilometer, außerhalb der Stadt erhöht sich dieser Preis auf 5,40 Kčs.
Preisverhandlungen vor größeren Überlandfahrten ratsam. In Westböhmen gibt es Gott sei Dank noch keine Prager Verhältnisse. Dort muß man aufpassen, daß man ein Originaltaxi erwischt und keinen „Mafioso“.

Tiere
Bei Mitnahme von Haustieren ist bei der Einreise ein tierärztliches Zeugnis vorzulegen, aus dem hervorgeht, daß während der letzten 90 Tage vor der Einreise im Umkreis von 40 km des Heimatortes keine Fälle von Tollwut bekannt sind. Dieses Attest darf nicht früher als 48 Stunden vor der Reise ausgestellt werden. Für die Unterbringung eines Hundes im Hotel werden Gebühren etwa in Höhe eines Zustellbettes berechnet.

Trinkgeld
Überall in Westböhmen ist ein Bedienzuschlag im Rechnungsbetrag enthalten. Dennoch ist es üblich, für gute Serviceleistung ein Trinkgeld zu geben, dessen Höhe im Ermessen der Einzelnen liegt.
In der Regel werden 10–15 Prozent Trinkgeld gegeben.

Toiletten
Sofern keine Symbole angebracht sind, steht bei den Damen „Ženy“ oder „Dámy“ und bei den Herren „Muži“ oder

„Páni". Öffentliche Toiletten sind teilweise gebührenpflichtig bzw. die Toilettenfrau erwartet ein Trinkgeld.

Unterkunft

Hier stehen in den Kurorten die doch wohl schon erheblich ergrauten alten Kurpaläste zur Verfügung. Aber auch neue Hotels wurden gebaut. Von heut auf morgen wird der Kulturschrott der Kommunisten nicht zu beseitigen sein. Man ist aber um Renovierung bemüht. Und in den Spitzenhotels läßt es sich gut wohnen.
Nähere Auskünfte erteilen die Čedok Büros und die Kurverwaltungen, die unter der Rubrik „Informationen" zu finden sind. Einige Unterkunftsmöglichkeiten seien genannt, ohne damit eine Qualitätsauswahl zu treffen.
Zunächst einige allgemeine Hinweise. Privatunterkünfte werden in erster Linie an den Zufahrtsstraßen aus dem Ausland mit Schildern „Zimmer frei" angeboten. Wegen unterschiedlicher Qualität empfiehlt sich eine vorherige Besichtigung.

Camping

An den Stauseen, Teichen, Seen, Flußufern, in den Gebirgstälern sind Campingplätze angelegt, die auch für Autocamping geeignet sind. Die meisten Plätze haben Bungalows, die jedoch vorzubestellen sind, zumindest für die Hauptreisezeit. Einige Plätze haben ganzjährig geöffnet, die meisten von Mai bis September.
Ein ausführliches Campingverzeichnis hält Čedok bereit.
Zelte, Caravans und Wohnmobile dürfen außerhalb der Campingplätze nicht aufgestellt werden.

Jugendherbergen

Sie kommen noch nicht so häufig vor. Auskunft hierüber erteilt das Reisebüro der tschechischen Jugend, Praha 2, Žitná 12.

Altsattel
Hotel „Rustica", 2. Kategorie; vermittelt Čedok Tachau (siehe „Informationen").

Babilon
Čerchov, c.11. Kategorie 2. Tel. 01 89/9 32 26
Magda, c.71. Kategorie 2. Tel. 01 89/9 32 51
Praha, c.52, Kategorie 2. Tel. 01 89/9 32 51

Eger
Chebský dvůr. Kategorie 2. Tř. Svobody 43. Tel. 01 66/3 34 00
Hradní dvůr. Kategorie 2. Dlouhá 11. Tel. 01 66/2 20 06
Hvězda. Kategori 1. Nám. krále jiřího 5. Tel. 01 66/2 25 49
Myalivna (motorest). Fučíkova 23. Tel. 01 66/3 37 54 – 3 07 18
Slávie. Kategorie 2. Tř. Svobody 32. Tel. 01 66/3 32 16

Camping am Gaßnitzer Stausee: Tel. 01 66/3 03 09 und 3 19 51, und am Egerstausee 3 15 42

Franzensbad
Bajkal. Kategorie 2. Leninova 84. Tel. 01 66/94 25 01
Centrum. Kategorie 2. Anglická 41. Tel. 01 66/94 31 56-7
Pension Erika, Oberlohma. Tel. 01 66/94 31 91
Europa, Antonienhöhe. Tel. 01 66/94 21 36
Jadran. Kategorie 2. U rybríka Jadra. Tel. 01 66/94 24 12
Monti. Kategorie 1. Kollárova 170. Tel. 01 66/94 29 01
Slovan. Národní 5. Kategorie 1. Tel. 01 66/94 28 41
Tatran. Kategorie 2. Ruská 25. Tel. 01 66/94 24 08
Zátiší. Sady Miru. Tel. 01 66/94 21 61
Bungalowkolonie und Campingplatz Tel. 01 66/94 25 18

Gottesgab
Hotel-Restaurant Hlava. Tel. 01 64/91 51 29

Kaaden
Svoboda. Kategorie 2. Mírové nám. Tel. 03 98/31 08

Karlsbad
Adria. Kategorie 2. Západní 1. Tel. 017/2 37 65
Atlantic. Kategorie 2. Tržiště 23. Tel. 017/2 47 15
Central. Kategorie 1. Divadelní nám. 17. Tel. 017/2 51 01
Horník. Kategorie 2. Volgogradská 38. Tel. 017/2 46 65
Jizera. Ulice dr.Davida Bechera 7. Tel. 017/2 50 20
Pupp. Kategorie 1*. Mírové nám. Tel. 017/2 21 21-5
mit zum Hotelkomplex gehört das erstklassige Parkhotel
Motel und Bungalowkolonie Březová Tel. 017/2 52 25

Klattau
Hotel Garni Klatovy und Pension Klatovy.
Vermittlung Čedok Klatovy. Tel. 01 86/2 04 52 (siehe „Informationen")

Marienbad
Atlantic. Hlavní třída 46. Tel. 01 65/59 11-13
Corso (mit Disco). Kategorie 2. Hlavní tř. 61.Tel. 01 65/30 91
Cristal. Kategorie 2. Hlavní tř. 61. Tel. 01 65/20 56
Esplanada. Kategorie 2. Karlovarská 438. Tel. 01 65/21 62-4
Excelsior. Kategorie 1. Hlavní tř. 121. Tel. 01 65/27 05-6
Golf. Kategorie 1*. Zádub 55 (4 km außerhalb). Tel. 01 65/26 51-5
Krakonoš. Zádub 53. Tel. 01 65/26 24-5
Palace Praha. Kategorie 1. Hlavní tř. 67. Tel. 01 65/22 22-3
Start (motel). Plzenská. Tel. 01 65/20 62
Bungalowkolonie Luxor, Velká Hld'sebe. Tel. 01 65/35 04
Hotel Europa. Kategorie 1 u. 2. Třebízského 101. Tel. 01 65/20 64

Pilsen
(Vermittlung Čedok-Pilsen Tel. 00 42-19-22 26 09)

Central (ehemals Ural). Kategorie 1. Nám. Republiky 33. Tel. 019/3 26 85-8
Continental. Kategorie 2. Zbrojniká 8. Te. 019/3 30 60
Panorama. Kategorie 1. V lomech 11. Tel. 019/53 43 23
Slovan. Kategorie 2. Smetanovy sady 1. Tel. 019/3 35 51-2
Škoda. Kategorie 1. Nám. Českych bratří. Tel. 019/27 52 02
Victoria. Kategorie 1. Borská 19. Tel. 019/22 10 10
Bungalowkolonie Bílá Hora, Revoluční Tel. 019/6 28 50

Studentenwohnheime der Westböhmischen Universität: ÚSKM Plzeň,
Bolevecká 30, 301 66 Plzeň. Tel.019/22 30 49, 22 30 66, 22 51 11, 22 51 95

Tachau
Kiss und Lidový Dum. Kategorie 2–3. (Vermittlung Čedok Tachau; siehe „Informationen")

Taus
Družba, Kalous und Koruna. Je Kategorie 2. (Vermittlung Čedok Taus; siehe „Informationen")

Urlaubsaktivitäten

Angeln
Angelzeiten in aller Regel von Mai bis Oktober täglich von 10 bis 19 Uhr. Čedok Reisen GmbH verkauft Angelscheine und Angelbewilligungen verschiedener Arten für alle Fischwasser.
Im Bäderdreieck stehen dafür zur Verfügung:
Franzensbad: 351 01 Františkovy Lázně, Národní tř. 5. Tel. 01 66/94 22 10

Karlsbad: 360 01 Karlovy Vary, Tržiště 23. Tel. 017/2 67 05
Marienbad: 353 70 Mariánkě Lázně (keine Straßenangabe). Tel. 01 65/25 00
Wissen Sie, wie „Petri Heil" auf tschechisch heißt? „Petrův Zdar!"
Den Fischen wird es aber egal sein, in welcher Sprache das Anglerglück ausgedrückt wird. Die Angel kann ausgeworfen werden nach Äsche, Bachforelle, Döbel, Flußbarsch, Hecht, Karpfen und Zander.

Ausflüge

Westböhmen ist eingesäumt von Naturschönheiten, Schlössern, Burgen und romantisch gelegenen Aussichtspunkten. Gruppenreisen werden vor Ort organisiert oder über Čedok Pilsen. Adressen unter „Informationen".

Baden

Mannigfaltige Gelegenheit in Hallenbädern, in Kurorten hoteleigene Hallenbäder, Thermalbad in Karlsbad, Freibädern, Teichen, Seen, Stauseen und Flüssen. Einige FKK-Freibäder sind in den letzten Jahren entstanden.

Bergwandern

Gut markierte Wege im Erzgebirge. Der Bergrettungsdienst in Gottesgab macht auch Führungen für Berg-, Rad- und Skitouren. Natürlich holt er auch die „Bergleichen" von den Felsgipfeln und legt besonders liebevoll ein verunglücktes Skihaserl in den Rettungsschlitten. Seine Anschrift:
Bergrettungsdienst Erzgebirge. 362 62 Boží Dar, NC 78, Tel. 01 64/91 51 40.
Ganzjähriger Betrieb. In Gottesgab kann man auch mit dem Hundeschlitten durch die Gegend brausen. Veranstalter Rudolf Chlad, Boží Dar, NC 58, Tel. 01 64/91 51 40.

Golf
Die Spitzenplätze in Karlsbad und Marienbad wurden schon beschrieben. Es gibt nicht nur Golfturniere, sondern auch Übungswiesen für Anfänger, die unter Leitung von Fachkräften die ersten Schläge probieren können. Parkplätze, Imbißstuben und Schlägerverleih sind vorhanden.

Jagd
Zum Jagen genügt nicht nur der Jagdschein, man benötigt auch einen Waffengeleitschein (vgl. „Zollbestimmungen"). Čedok hält aktuelle Preislisten parat. Eine gute Trophäe hat, wie überall, ihren Preis. Jagdbar sind Hoch- und Niederwild. Ganz Mutige können auch – mit Sondergenehmigung! – einen Bären jagen, aber natürlich nicht in Westböhmen, da muß er schon tiefer ins Land pirschen.

Kultur
Mannigfaltiges Angebot. Konzerte. Theater (in Pilsen hat das Tyl-Theater besondere Qualität), Ausstellungen, Tanzabende stehen auf dem Programm. U. a. finden in Franzensbad ein Beethovenmusikfest und in Marienbad ein Chopinfestival im Chopin-Gedenkhaus statt. Erinnert wird dabei an seine unglückliche Liebe zu Maria Wodzynska. Ist also eine Art „Marienbader Elegie" auf musikalisch.
Und in Karlsbad ist vor allem das internationale Filmfestival von großer Bedeutung; alle 2 Jahre wird es im Juli abgehalten.
Man kann also allerhand Kulturaktivitäten entwickeln.

Naturschutzgebiete
Riesiges Hochmoor mit seltener Flora bei Gottesgab. Durch diesen Naturpark (Božídarské rašeliniště) führt ein Lehrpfad.
Unter Naturschutz steht die Wolfsbinge bei der Bergstadt Platten.

Auch die anderen Naturschutzgebiete wurden schon angesprochen.
Ob dies der Hohe Stein bei Schönbach ist, oder der Goethestein bei Haslau samt Rommersreuther Schweiz, oder der Kammerbühl bei Franzensbad, das einzigartige Torf- und Mineralmoor Soos, der urwüchsige Kaiserwald (Stinker/ Smradoch) bei Sangerberg. Glatzen, Steinl, das Teichgebiet in der Nähe von Plan (Vogelschutzgebiet!), die ausgedehnten urwaldähnlichen Waldbestände, durchsetzt mit Mooren und Seen, bei Diana, das herrliche Flußtal der Schnella bei Rabenstein, der Luditzer Wladarz mit kleinem Vulkansee …
Auch bei Alt-Pilsen (Sedlec) ist ein Naturschutzgebiet mit Lehrpfad entstanden. Gut, daß unter gesetzlichem Schutz seltene Tiere und Pflanzen stehen. Wolf, Luchs und Wildkatze wurden wieder eingebürgert. Und Sonnentau, Moosbeere, Krähenbeere, Rausch- oder Trunkelbeere, meirichblättriges Hornkraut, Schuppenmiere, Salz-Milchkraut. Gemeine Stradsimse bedürfen ebenfalls der Schonung, zur Erbauung aller Naturfreunde. Diese haben sie mit Sicherheit in dem 219 ha großen Naturschutzgebiet Burgberg bei Kaaden.

Reiten

Die Karlsbader Pferderennbahn, auf der internationale Turniere ausgetragen werden, wurde schon erwähnt.
Reitschulen gibt es in Eger, Koželužská 23, T. J. Jezdec, Tel. 01 66/2 27 64, Franzensbad, Příčná 6 und in Marienbad, U Krakanoše, Tel. 01 65/31 53.

Tennis

Gepflegte Tennisplätze gibt es nicht nur in den vorerwähnten Orten. Tennis ist in der Tschechischen Republik ein traditionsreicher Sport, wie internationale Erfolge beweisen.

Verkehr
Westböhmen besitzt ein dichtes Eisenbahnnetz zu günstigen Preisen; Bahnfahren ist billig! Schnellzüge sind zuschlagspflichtig. Flächendeckend ist auch der Inlandsbusverkehr; ebenfalls nicht teuer! Im Ortsverkehr müssen die Fahrscheine vor Fahrtantritt gelöst werden. Im übrigen darf auf die Rubrik „Anreise/Rückreise“ verwiesen werden.

Wandern
Wander- und Spazierwege existieren fast äonenweit. Kein Wunder, bei der reizvollen Landschaft. Trimmdichpfade sind ebenfalls angelegt. En Wort noch zu den Markierungen: Rot gekennzeichnet sind Kammwege, längere Wanderungen, blaue Markierung bedeutet Wanderstrecken von mittlerer Länge, grün gilt für Kurzstrecken und gelb für kurze Verbindungsabschnitte. Naturschutzgebiete sind nur auf markierten Wegen zugänglich. Naturlehrpfade mit Informationstafeln sind meist weiß-grün markiert. Kurstädte schließlich verwenden eigene Symbole für Wege für Bewegungstherapie.

Wassersport
Segeln, Surfen, Ruderbootfahren auf zahlreichen Seen, Stauseen und größeren Teichen. Kahnfahren ebenso auf Flüssen. Für Motorboot gibt es einschränkende Regelung.

Wintersport
Das meistbesuchte Wintersportgebiet ist das Erzgebirge mit zahlreichen Liftanlagen. Skipisten von unterschiedlichen Schwierigkeitsgraden stehen zur Verfügung. Lang- und Tourenläufer kommen ebenfalls auf ihre Kosten. Skiunterricht wird erteilt. Marienbad veranstaltet internationale Wettbewerbe auf der Schlittenbahn. Und in Perlsberg gab es einst den Akademischen Skiclub. Marienbad hat genauso eine alte Wintersporttradition wie Karlsbad. Es darf auf

die „Schlußgesänge" des Kapitels „Marienbad" verwiesen werden, das sudetendeutsche Skigeschichte beinhaltet. Eiskunstlauf kam auch nicht zu kurz. Ein paar Plätze dafür wird es wohl noch geben.

Wetter
Karlsbad und Marienbad haben ähnliche Wetterlagen wie das Voralpengebiet in Oberbayern. Franzensbad hat etwas milderes Klima. Gegen Asch zu wird es wieder rauher. Die Pilsner Region ist vielleicht ein wenig feuchter. Im Prinzip eben eine Wetterlage wie im angrenzenden Bayern. In den Mittelgebirgen ist Skilauf im allgemeinen von Januar bis März möglich. Ganzjährig Saison haben jedoch die Heilbäder.

Kleidung
Gleiche Kleidung wie bei uns. Wer Sport betreibt, muß sich entsprechend ausstatten. Kurgäste sollten Badezeug, Bademantel und Trainingsanzug nicht vergessen. Für ein gepflegtes Abendessen im Grandhotel Pupp sind wohl ein schönes Kleid und gediegener Anzug selbstverständlich.

Reisezeit
Hauptreisezeit ist von Mitte Mai bis Mitte September; die Monate Juli und August sind wie üblich überlaufen, weniger in ländlichen Gebieten. Die Frühjahrsblüte reizt ungemein, ebenso der farbenfrohe Herbst, wenn sich die Moore verfärben und das Birkenlaub leuchtet.

Zeit
Mitteleuropäische Zeit wie bei uns. Ebenso gilt in der Tschechischen Republik die Sommerzeit.

Orts- und Sachregister
Deutsch – Tschechisch